아름답고 소담하게 가꾼 꽃보다,

잡초 속에 하늘거리는 들꽃을 좋아한다.

아름답고 소담하게 가꾼 꽃보다,

잡초 속에 하늘거리는 들꽃을 좋아한다.

아름답고 소담하게 가꾼 꽃보다,
잡초 속에 하늘거리는 들꽃을 좋아한다.

초판 1쇄 발행 2025. 05. 30.

지은이 공석춘
펴낸이 김병호

디자인 사무엘

발행처 주식회사 바른북스
등록 2019년 4월 3일 제 2019-000040호

주소 서울시 성동구 연무장5길 9-16, 301호 (성수동2가, 블루스톤타워)
대표전화 070-7857-9719 | **팩스** 070-7610-9820
이메일 barunbooks21@naver.com | **홈페이지** www.barunbooks.com

ⓒ 공석춘, 2025
ISBN 979-11-7263-399-8(03810)
값 12,000원

파본이나 잘못된 책은 구입하신 곳에서 교환해드립니다.
이 책은 저작권법에 따라 보호를 받는 저작물이므로 무단전재 및 복제를 금지하며,
이 책 내용의 전부 및 일부를 이용하려면 반드시 저작권자와 도서출판 바른북스의 서면동의를 받아야 합니다.

혜성이 긴 꼬리를 늘어뜨리며 하늘을 날면

우리는 손뼉을 치며

"으아" 하고 소리를 질렀다.

그렇게 맑고 파아란 하늘을 그 후로는 보지 못했다.

서문

나는 어려서 자랄 때 가냘팠다.

엄마는 안 되었던지 고깃국을 끓이면 식구들 몰래 묻혀주곤 했다.

나를 사랑했던 사람들, 수필을 쓰도록 덕성여대 평생교육원에 인도한 친구 A에게 감사한다.

어쩌다 라면을 끓이면 어디서 나타났는지 사무엘이 뛰어온다.

"할머니 엄마에게 이를 거야."

라면이 할머니에게 해롭다며 빼앗아 먹는 손자가 있어 외롭지 않다.

나는 평범한 주부다.

책 읽기를 좋아해서 탐독했고 친구 따라 수필을 쓰게 되었다.
주위 사람들의 권유로 몇 편 되지 않는 글을 모아본다.

졸작이나마 읽어주는 사람들에게 감사한다.

차례

대추나무에서 배운다

14 대추나무에서 배운다
18 한 해를 보내며
24 아버지의 벼루
30 고향의 가을
36 목단

장갈내

42 장갈내
48 호박
54 다시 찾은 달
60 뒷모습
66 동반자

4월이 오면

- 72 4월이 오면
- 78 훈훈한 사람들
- 84 팔불출
- 88 그네 뛰던 시절
- 94 유언

흐순이

- 100 흐순이
- 106 송전암의 보살
- 112 약속
- 118 모범택시를 타고
- 122 천사의 질투

폐가

128 폐가

132 진 씨

136 에덴동산

140 뻐꾸기

144 모란이 피면

수수도가니떡

150 수수도가니떡

154 돼지 저금통

158 고양이

164 어느 여름날의 오후

168 미끼

할아버지

174 할아버지

178 기다림

182 비둘기 부부

186 고모

192 추모의 글 – 공석하 시인 영전에

198 옮긴이의 말

대추나무에서 배운다

1992년

대추나무에서 배운다

　몇 해 전, 남편 친구인 김 선생님께서 대추나무 한 그루를 가져오셨다. 회초리만큼이나 가느다란 나무에 실같이 가녀린 가지가 몇 가지 뻗어있는 아주 연약하고 보잘 것 없는 작은 나무였다. 사실 우리 집 앞마당은 그리 넓지를 못한 데다가 목련 나무, 상 나무, 포도 넝쿨 등 몇 그루의 나무들이 큼직큼직하게 들어서서 대추나무를 심을 자리도 별로 마땅하지 않았다. 게다가 나무들과 벽이 가리워져 햇볕도 제대로 받지 못하게 되어있고 흙이 모래 땅이라서 척박하여 보통 정성을 들이지 않으면 제대로의 나무 구실을 하지 못한다.

  나는 대추나무를 어디다 심을까 고심 끝에 나무들과 좀 떨어진 벽 쪽에 자리를 마련하여 구덩이를 파고 거름과 물을 주어 정성 들여 심었다. 거름과 물을 주고 열심히 가꾼 덕인지 츠여름이 되면서 잎이 파릇파릇 돋아나고 제대로의 나무 구실을 하게 되었다. 나무가 자라면서 햇볕이 잘 드는 동쪽으로만 가지가 뻗어나가니 자연 나무 모양이 꼿꼿하지 못하고 삐뚤어지기 시작하였다. 아무리 물과 거름을 주며 열심히 가꾸어도 실하게 자라지 못함은 땅이 좋지 못한 때문이다. 대추나무의 비틀고 모질게 자람을 어찌 대추나무만 탓하랴, 그런 환경 속에서도 한 삼 년을 키우니 첫 꽃을 피웠다. 비로소 사년째 되는 해에 열매를 맺기 시작하였다. 신기하고 대견스러워 동이 트기 시작하면 혹시 밤사이에 이변이 일어나 대추가 떨어지지나 않을까 걱정이 되어서 일찍 일어나 아침마다 물을 주며 대추나무를 들여다보곤 하였다. 아무 탈 없이 잘 커 그 해 한가위 차례상에 대추를 따서 올릴 수 있었다. 그 기쁨을 아는 사람은 알리라.

 한 그루의 나무를 심고 가꾸는 데도, 알맞은 온도와 습도와 햇빛과 기름진 땅에 심어야 구김 없이 싱싱하게 잘 자라 탐스러운 열매를 맺을 수 있는데, 항차 자식을 기르고 가르침에 있어서랴! 내 본시 지혜와 슬기를 겸하지 못한 부족한 어미가 되어 내 자식을 기르고 가르침에 부족함이 많으니 어찌 남의 앞에 내어놓기에 떳떳한 자식으로 키웠다고 할 것인가. 혹시 내 자식들이 밖에 나가서 옳지 못한 행실로 하여 부모의 욕이 되는 짓을 저지르지나 않을까, 밤잠을 설칠 때가 있으니 다 지나간 일들이요 후회한들 무슨 소용이 있으리오. 이제 자식들이 대학에 다니고 딸아이가 졸업반이 되었으니 머지않아 사회에 나아가 제각기 제나름대로의 몫을 하게 될 것이다. 다만 어미 된 마음에 행여 내 자식들이 어미의 가르침이 부족하여 우리 집 뜨락에 심어놓은 대추나무처럼 삐뚤고 모질게 자라지나 않았을까 걱정이 된다.

우리 집 뜨락에 심어놓은 대추나무도 주인을 잘 만났더라면 기름진 땅에 햇빛과 바람이 잘 통하는 넓은 장소에 심어져 곧고 싱싱하게 잘 자라 탐스러운 열매를 맺었을 것이오. 내 자식들도 맹모나 신사임당처럼 현명하고 슬기로운 어미를 만났더라면 좀 더 훌륭하게 자랐을 것이다. 어찌 자식들의 잘잘못을 그들에게만 탓하랴.

나는 대추나무의 커가는 모습에서 자식들을 기르는 가르침을 배웠다.

1994년

한 해를 보내며

 창밖에는 조용히 고운 눈이 내리고 있다. 이 해도 저물어 가는구나. 유리창을 열어본다. 안개처럼 차분히 내리는 시계를 바라보고 있으려니 많은 것을 잃어가는 것 같아 마음이 허전하다.

 내가 어려서 자랄 때에는 섣달그믐을 손꼽아 기다렸다. 한 해가 빨리 가기를 바랐고 세월이 흘러 어른이 되었으면 했었다. 설날이 가까워 오면 어머니는 누에를 쳐서 손수 직조한 명주에다 여러 가지 색깔의 물을 들여 진분홍 치마, 자주색 반 회장에 금박을 찍은 노랑 저고리를 지어주시었다. 그 옷을 입고 친구들에게 자랑을 하고 싶어 설날을 손꼽아 기다렸다. 그래서 그믐날 밤이 되면 옷을 입었다 벗었다 끌어안고 날이 새기를 기다리며 밤잠을 설치기도 하였다.

 스무 살이 되던 해의 일이다. 큰 집 올케 언니를 맞이하기 위하여 서울로 채단을 뜨러 가신 할아버지가 나의 검정 비로도 치마 감과 주황색 경도 양단 저고리 감도 같이 떠오셨다. 그렇게 좋은 옷을 입어보기는 처음이었다. 그 옷을 입고 정월 초하룻날 할아버지께 세배를 드렸더니 "우리 손녀가 선녀처럼 예쁘구나." 하시던 때가 엊그제 같은데 할아버지가 저세상으로 가신 지 어언 삼십여 년이 되어 간다.

 자식을 낳아 기르면서는 어린 것이 자라는 모습을 바라보고 대견해하기도 하고 희망에 부풀기도 하며 빨리 자라서 학교에 다녔으면 했었다. 큰 아이가 자라서 초등학교에 들어가게 되어 고사리 같은 손을 잡고 입학식장에 갈 때에는 내가 처음 학교에 갈 때처럼 가슴이 설레었다. 그러나 아이들이 성장하여 대학에 다니게 되고 나이가 이십이 넘으니 내 머리는 희끗희끗 물들어 가고 눈가에는 주름이 생기기 시작했다. '검은 머리가 눈 깜짝할 사이에 파뿌리가 되었다'는 말이 실감이 난다. 세월의 덧없음을 깨닫게 된 것이다. 지나간 세월을 되돌아보며 남은 시간을 생각하게 되었다. 노인에 대하여 연민을 느끼고 청춘에 대하여 질투하며 부러운 눈으로 바라보게 된다. 이대로 세월을 붙들어 맬 수만 있다면 어떠한 보답이라도 서슴없이 할 수 있다고 헛된 생각도 해본다.

'새색시가 시집와서 김장 삼십 번만 담그면 할머니가 되는 인생'이라고 말한 어느 노 작가의 글귀가 생각난다. 나도 이제는 그쯤의 나이에 이른 것이다. 세월이 빨리 흘러서 어른이 되었으면 하던 시절도 가고, 가는 세월을 아쉬워하며 시간이 빠름을 애석하게 여기는 나이가 되었다. 그러나 가는 해를 아쉬워한들 무엇 하랴. 내게도 티 없이 맑았던 유년의 세월이 있었고, 청포도처럼 싱그러웠던 청춘이 있었다. 반백을 넘긴 지금 외로울 때나 슬플 때 지나간 일들을 되새겨 보며 사는 것도 즐거움이리라.

이제 아이들도 다 자랐으니 돌아오는 해에는 근심 걱정 훌훌 털어 버리고 하던 일도 다 던져 버리고 제주도 여행도 떠나고, 설악산 단풍 구경도 해야겠다. 그리고 오래 찾아뵙지 못한 막내 고모도 뵈러 가리라. 할머니가 된 두 여인은 별처럼 멀어져 간 이야기, 밥을 짓다 말고 유행가를 부르며 부지깽이로 장단을 맞추다 할아버지께 들켜 꾸중 듣던 일, 건넌 마을 초등학교 운동장의 가설극장에서 영

화 선전이 시작되면 일손이 잡히지 않아 저녁밥을 일찍 해 먹고 생쥐처럼 살금살금 집을 빠져나가 구경하고 밤늦게 담을 넘다가 발목을 다쳐 고생하던 일, 찬바람이 일기 시작하면 댕댕이 바구니를 들고 밤을 주우러 새벽이슬에 치맛자락을 휘적시며 밤나무 밑을 헤매이던 이야기에 밤이 깊어 가는 줄도 모르겠지. 밖에는 여전히 눈이 내리고 있다.

"또 한 해가 가고 있구나."

1996년

아버지의 벼루

 책장 정리를 하다가 친정아버지가 늘 곁에 놓고 쓰시던 벼루가 눈에 띄었다. 돌아가신 뒤 유품 가운데서 아버지 생각이 나면 보려고 우리 집으로 가져 온 것이다. 세로 20cm 가로 15cm의 크기로 뚜껑에는 한 쌍의 용이 용트림 치며 승천하는 그림이 새겨져 있다. 오랜 세월을 갈고 갈아서 가운데가 흡사 옹달샘처럼 옴폭 패었다.

 아버지는 어려서 한학자였던 큰 댁 할아버지의 교육을 많이 받으셨다. 초등학교를 거쳐 중학교도 다니셨다. 청년 시절에는 서울에서 직장을 다니다 그만두고 만주를 자주 왕래하셨다. 내가 어릴 때 기억으로는 늘 집에 계시지 않았다. 가끔 들르셨던 생각이 난다. 객지에 계신 동안 장질부사에 감염되어 고향으로 돌아오셨다. 집에 와 계신 동안 광복을 맞이하게 되었다. 해방 후 아버지는 마을 사람들의 문맹퇴치에 열중하셨다. 낮에는 열심히 일을 하고 밤이면 남자들은 사랑방으로, 부녀자들은 안채로 모여들어 램프 불 아래서 밤이 이슥하도록 한글을 배웠다. 그리하여 마을 청년들이나 아낙들은 거의 글 모르는 사람이 없었다. 그런데 객지로 돌아다니실 때 사회주의 운동에 가담했다는 이유로 그 분의 불행한 삶이 시작되었다. 어쩌다 아버지가 보시는 책 중에서 불온서적이 발견되었다 하여 면지서에 불려가 조사를 받기도 하였다. 6·25 전쟁 당시에는 할아버지께서 아드님의 문 밖 출입을 금지시켰다. 머리맡에는 늘 한약봉지가 쌓여 있었고,

어머니는 약을 달이셨다. 지금 생각하니 아버지는 약을 드실 정도로 몸이 불편하진 않으셨던 것 같다. 아마도 공산치하에 가담하지 않게 하려고 그렇게 꾸민 것이리라.

  우리는 시골에서 머슴을 두고 농사를 지으면서 별 아쉬움 없이 지내던 집안이었다. 살림은 거의 할아버지가 맡아 하셨고 아버지는 집안일에 무관심하였다. 그러나 인자하신 그 분은 할아버지 말씀에 거역하는 적이 없었다. 곁에는 늘 책이 놓여 있었고 벼루와 먹이 있었다. 때로는 손수 대나무로 만든 낚싯대를 들고 고기잡이를 나서기도 하였다. 나는 어려서 고기 바구니를 들고 아버지 뒤를 따라 나선 일이 종종 있었다. 앞 냇물을 따라 서쪽으로 한동안 내려가다 보면 물이 사방에서 모여 큰 냇물을 이룬다. 아버지가 낚시터를 잡는 동안 나는 모래 사장에서 성을 쌓기도 하고 얕은 물에서 다슬기도 잡았다. 잡히는 고기는 거의가 피라미였다. 어쩌다 칠어나 메기가 잡히면 그것은 큰 수확이었다.

그림자가 길어지고 해가 서쪽으로 푹 기울던 목동들이 소에게 풀을 뜯기러 휘파람을 불며 모여든다. 그 무렵이면 낚시질하던 손을 멈추고 도구를 챙겨 가지고 집으로 돌아온다. 인자하고 곧게단 사시던 눈이 세상을 살아가면서 늘 그늘에서 지내던 생각을 하면 철모르던 시절에도 가슴이 아팠다. 아버지뿐이랴. 그 시절에 살던 지식인들이 얼마나 많은 고초를 겪으며 지냈으랴. 밖의 세상과 담을 쌓고 지냈으니 자연 책과 벼루와 가까울 수밖에 없었나 보다.

그분은 마을 어린이들 사이에도 좋은 할아버지로 통하셨다. 돌아가신 후 옆집 아이가 하는 말이 "그 할아버지 죽으면 안되는데 좋은 사람인데." 하더란다. 내가 자랄 때도 어머니보다 아버지를 더 좋아하였다. 청년 시절에 외지로 돌아다니며 활발하던 분이 시대의 변천에 적응치 못하고 소신을 펴지 못한 채 사셨다. 어쩌다 우리 집에 들르시면 남편은 "시대를 잘 못 만나 그러시지." 하며 밖으로 모시고 나가 아버지가 좋아하시는 중국요리와 술을 대접하기도 하였다.

삼년 전 위독하시다는 연락을 받고 나는 살림을 제쳐두고 고향으로 내려갔다. 딸이 온것도 모르고 멍하니 천정만 바라보고 계셨다. 아무것도 모르고 계신 아버지 앞에서 가슴이 메어왔다. 신이란 정말 존재하는 것일까. 신이 있다면 아버지처럼 옳게만 사시던 분이 그렇게 시련을 겪으며 살아야만 했을까. 내세가 있다면 불교에서 말하는 극락이나 기독교에서 있다는 천당으로 가셨으리라 믿는다. 한 달을 넘게 의식을 잃고 누워 계셨다. 돌아가시기 이틀 전에 "아버지!" 하고 불렀더니 "왜 그랴." 하시며 힘없이 대답을 하셨다. 그 말씀을 마지막으로 영영 가시고 말았다.

 벼루를 앞에 놓고 멍하니 바라보고 있다. 아버지 생각이 난다. 기쁠 때나 슬플 때나 벼루에 물을 따라 먹을 갈고 계시던 모습, 먹을 간 것이 아니라 인생을 갈고 계셨을 것이다. 옹달샘처럼 가운데가 움푹 패인 그분의 한이 담긴 벼루를 바라보고 있노라니, 붓에다 먹물을 듬뿍 찍어 힘차게 내려쓰시던 모습이 눈에 선하다.

1996년

고향의 가을

지난 가을 오랜만에 고향에 들렀다. 허물어진 축대 밑으로 도랑물은 여전히 흐르고 담장 위에 호박 덩굴은 가을바람을 만나 시들어버렸다. 비바람에 퇴색된 툇마루에 걸터앉아 기울어 가는 해를 바라보고 있노라니 눈시울이 뜨거워진다.

축대 위에 고목이 된 감나무는 내가 어렸을 적에 할아버지께서 고엽나무 밑동을 잘라내고 품종이 좋은 감나무를 접한 것이다. 수십 년이 지난 오늘도 앙상한 가지에 주렁주렁 달린 감이 붉게 물들어 가을을 과시하는 듯하다. 올해는 감을 따다 우리 집 아이들에게 먹이면서 할아버지 이야기를 들려주어야겠다. 함박눈이 쏟아지는 추운 겨울 눈사람을 만들며 밖에서 놀다가 뻘겋게 언 손을 호호 불며 방으로 들어서면, 화롯불 되시던 따스한 손으로 언 손을 꼭꼭 주무르면서 "이 추운 날 감기 들면 어쩌려고 밖에서 노누" 하시던 분. 긴긴 겨울밤 할아버지 방으로 가면 화롯불에 밤을 구워 주시면서 밤이 깊도록 춘향이의 곧은 절개, 심청이의 지극한 효심 이야기를 들려 주셨다. 우리는 이야기에 밤이 깊어 가는 줄도 모르고 듣곤 했다. 이른 봄이면 참외 씨를 방에서 싹을 틔워 남보다 먼저 수확을 하게 된다. 참외가 익으면 머슴 최서방이 지게에 바소쿠리를 얹어 가득 져다 앞마당에 내려놓는다. 예쁘고 맛있게 생긴 것들만 골라 감추어 두었다가 밤이면 친구들과 둘러앉아 먹곤 했다. 우리들의 수업료 고지서가 나오기 바쁘게 차도 없는 이십 리 시골길을 손수 돈을 내려고 학교에 가는 것을 즐거움으로 아시던 분, 성품이 곧고 엄하여 마을 사람들이 어려워하였지만 손자들에게는 자상하고 다정한 할아버지셨다. 그러신 분이 돌아가셨다는 연락을 받고도 내 자식들 돌보느라 못 가 뵈온 것을 생각하면 지금도 마음이 아프다.

학교에서 이십 리 길을 터벅터벅 걸어서 산모롱이를 돌아오면 멀리 마을 앞 개울에서 빨래 두들기는 소리가 들려온다. 징검다리를 건너다 냇가를 바라보면, 앞 집 언년이 엄마가 빨갛게 언 젖통을 내놓고 털럭거리며 빨래를 비벼댔다. 그 언년이 엄마도 지금은 백발이 되었고 이는 빠져 합죽이가 된 몰골로 나를 보고 반가워 어쩔 줄을 몰라 한다.

맏딸인 나를 출가시키고 가을 추수를 하여 잡곡과 떡을 이불 보따리만큼 커다랗게 싸서 머리에 이고 초행길인 대전까지 찾아오시던 어머니, 지금도 가을바람이 불기 시작하고 나뭇잎이 우수수 떨어지면 그 때의 어머니 모습이 눈에 선하다. 살림하랴 자식들 볼보랴 부모님 살아 계실 때 자주 찾아뵙지 못하였다.

삼대가 한집에서 살아가던 고향의 집은 할아버지, 할머니 그리고 부모님이 저 세상으로 가신 후 비워둔 지 여러 해가 되었다. 우리 여러 남매는 고향을 등진 채 뿔뿔이 헤어져 돌보지 않아 허물어진 집터엔 잡초만 우거지고 들고양이의 서식처가 되었다.

저녁 공기가 서늘하다. 바람결에 나뭇잎이 우수수 떨어진다. 해는 벌판을 지나 서산 마루에 걸쳐 있다. 문득 자신을 돌아보니 머리는 반백이 되었고 눈가엔 주름이 많이 생겼다. 나도 이젠 오십고개를 훨씬 넘었구나. 고향은 나에게 이렇듯 많은 추억을 가져다주지만 나이 들어 찾아온 고향의 가을은 쓸

쓸하기만 하다.

1996년

목단

　우리 집 뜰에는 오래된 목단 한 그루가 있다. 내가 결혼하여 살림을 시작하였을 때, 나무 시장에 가서 어린나무를 사 온 것이다. 우리 집에 와서 삼십 년을 살았다. 해마다 오월이 오면 꽃을 피워 나의 마음을 기쁘게 해주었다.

　나는 이 나무를 자식 기르듯 보살폈다. 겨울이 오기 전에 짚으로 싸 주기도 하고 이른 봄이면 거름을 묻어 주기도 하며 정성을 들였다. 우리는 삼십 년 동안 세 번 이사 하였다. 목단을 옮길 때마다 행여 잘못하여 죽이지나 않을까 걱정하며 세심히 신경을 썼다. 잔뿌리를 다치지 않으려고 나무 주위를 깊숙이 파서 뿌리에 흙이 많이 묻은 채 비닐로 싸 가지고 조심하여 옮겨 심었는데도 다음 해엔 꽃을 피우지 못하여 나를 실망시키기도 하였다.

정원의 나무는 목단뿐만은 아니다. 봄이 오기 시작하면 새하얀 목련꽃이 온 뜰을 휘덮고 연이어 향이 짙은 라일락이며, 진홍의 연산홍 등……. 줄을 지어 저마다의 모양과 향을 자랑하며 정원을 가꾸고 있다. 내가 유달리 목단을 사랑함은 삼십 년 간의 정이 들어서 만은 아니다. 요염하지도 남다른 향을 피우지도 않으며 넉넉한 모습으로 웃는 모양이 후덕한 인간을 대하는 듯한 기쁨을 주기 때문이다.

며칠 전 뜰에 나갔다가 목단을 들여다보았다. 앙상하게 된 나무에 삭정이가 여러 가지 생겼다. 올해는 꽃도 피우지 못하려나 보다. 고목이 된 목단을 바라보면서 내 나이를 헤아려 본다. 꽃나무도 늙으니 저렇게 추하게 되는 것을…….

장갈내

1997년

장갈내

　내가 유년시절을 보낸 곳은 산촌도 어촌도 아닌 넓은 벌 한복판에 자리를 잡은 농촌이다. 정지용의 시 『향수』를 남달리 좋아하는 것도 내 고향과 비슷한 이미지를 가져다주는 까닭이기도 하다. 내 고향에도 넓은 벌이 있어 실 개천이 흐르고 얼룩배기 황소가 해설피 금빛 게으른 울음을 우는 곳이기도 하다.

　앞 냇물을 따라 동쪽으로 2킬로쯤 거슬러 올라가노라면, 차령산맥을 따라 내려오다가 우뚝 솟은 높은 봉오리가 가로질러 있으니, 고향의 이름을 따서 서운산이라고 부른다. 서운산은 산세가 험하여 예부터 피난처가 되기도 하였다. 산골짜기에서 내려오는 맑은 물은 우리 마을 한 가운데를 질러 동쪽에서 서쪽으로 흐른다. 내가 자랄 때에는 냇물에 김장거리를 씻어서 그대로 김장을 담구었다. 앞 냇물을 따라 1킬로쯤 서쪽으로 내려가다 보면 남쪽과 북쪽에서 내려오는 물이 합쳐서 큰 내를 이룬다. 이 물을 장갈내라고 한다. 장갈내는 수심이 깊고도 넓으며 맑아서 물놀이하기에 적합하다. 장갈내 주변은 경관이 빼어나 여름철이 되면 어른이나 아이들의 피서지가 되기도 하였다. 넓은 백사장 군데군데 깔려 있는 희고 깨끗한 돌들, 냇둑에는 하늘을 찌를 듯한 미루나무, 하늘거리는 수양버들, 남쪽에서 내려오는 내와 서쪽으로 흐르는 물 사이에 미루나무와 아카시아가 숲을 이루고 숲 주변에는 갈대와 잔디가 어우러져 밭을 이루고 있다.

장갈내에서 2백 미터 떨어진 곳에 우리 밭이 있었다. 할아버지는 해마다 참외와 옥수수를 가꾸시는 것이 낙이었다. 참외와 옥수수가 익어가는 여름철이 되면 원두막을 삼층으로 짓고 삼층엔 자리를 깔아 할아버지가 유하시고 이층은 마루방을 하여 우리들 차지였다. 여름방학이 되면 낮에는 거의 원두막에서 지냈다. 사방을 열어놓고 앉아 있으면 시원함이란 지금의 에어컨 따위는 비교도 안된다. 달 밝은 밤이면 장갈내에 고깃발을 쳐놓고 동생과 원두막에서 지새웠다. 냇가 양쪽에서 비스듬히 아래쪽으로 돌을 쌓아 내려오면서 물살을 가운데로 몰아넣고 물 가운데다 발을 쳐놓고 물살을 이용하는 방법인데, 낮에는 잡히지 않아 밤을 이용한다. 고기떼가 내려오다가 발에 걸리면 올라가지 못하고 잡히게 되어있다. 밤이 이슥하여 램프를 들고 고기를 잡으러 가면, 풀숲에서 벌레들이 울어대다가 발자국 소리에 놀라 을음을 그치그 달빛은 냇물을 덮어 흐르고 사방은 고요했다. 밭에 있는 고기를 거두어 오두막으로 돌아와 한숨 자고나서 새벽녘에 고기와 밭을 들고 집으로 돌아으곤 했다.

  어쩌다 큰집 오빠가 장갈내에 놀러왔다가 나를 부른다. 할아버지는 망태를 메고 밭으로 내려가면서 몇 명이나 왔느냐고 물으셨다. 참외를 메고 오빠를 따라가면 오빠 친구들이 대여섯 명 몰려 있다가 참외 가져오는 것을 보고 옷을 훌훌 벗어던졌다. 팬티 바람으로 물속에 들어가 참외를 뚝뚝 베어 먹다가 멀리 던져놓고 헤엄쳐서 쫓아가곤 했다. 그들의 쿨놀이를 정신없이 보다가 나는 우거진 갈대숲으로 간다. 갈대넝쿨을 뜯어 방석을 틀어가지고 그늘가에 자리를 잡고 앉는다. 파아란 하늘에 흰 구름이 둥실 떠가고 숲속에서는 매미가 소낙비처럼 울어댄다. 클로버 꽃을 따 반지를 만들어 손가락에 끼어도 보았다. 네잎클로버를 찾아 콧노래를 부르며 숲을 더듬으면 온 세상이 모두 내 것이었다. 해가 서쪽으로 기울고 그림자가 한껏 길어질 무렵이면 물놀이하던 이들도 뿔뿔이 헤어지고 들에서 일하던 사람들의 일손이 더욱 빨라진다. 들에서 소에게 풀을 뜯기던 오빠가 나를 손짓해 부른다. 나는 오빠 뒤를 따라다니며 메뚜기를 잡았다. 노을이 붉게 물들어가고 초승달이 얼굴을 내밀면 오빠는 휘파람을 불면서 앞장을 서고 나는 졸랑졸랑 그 뒤를 따라 집으로 돌아오곤 했다.

어디선가 매미 소리가 들려온다. 일손을 멈추고 매미 소리를 듣노라니 유년 시절의 추억들이 아련히 떠오른다. 그러나 장갈내가 오랜 세월 동안 비바람에 스치고 깎이어 옛 모습을 찾을 길 없고 미루나무와 아카시아 숲도 개간하여 논을 만들었다 한다. 맑고 깨끗하던 물도 오염되어 물고기도 별로 없다는 소식이다. 사십 여년의 세월이 흘러 고향의 모습이 변하였어도 머릿속에는 옛 애인처럼 그리움으로 남아 그림처럼 떠오르는 고향이 있어 향수에 젖어 보곤 한다.

1998년

호박

  요사이 갑자기 날씨가 쌀쌀해졌다.
서리가 와서 얼기 전에 호박을 따 들여야겠다.

  남편이 지붕에 올라가서 따주면 나는 받아 내렸다. 네 개가 하나 같이 크다. 맨 먼저 달린 놈은 둥글둥글 모나지 않고 제일 잘 생겼다. 둘째는 너부데데하니 옆으로 퍼져서 넙죽이란 별명을 붙였다. 셋째가 제일 덩치가 크고 못생겨 못난이고, 넷째 놈은 아직 덜 익어 누릇누릇하지만 약간 퍼렇다. 생김새도 형들과 달리 길쭉하면서 모가 났다. 사람도 여러 형제면 아롱이 다롱이라더니만 이놈들도 제 각각 생김새가 다르다. 나는 호박을 거실로 옮겨다 나란히 놓고 바라본다.

　지난 이른 봄이다. 이웃에 사는 문우엄마가 호박 모종 네 포기를 주면서 심어보란다. 척박하나마 터서리가 있어 구덩이를 파고 두 군데로 나누어 심었다. 심은 지 일주일이 지났는데도 그 놈들은 클 생각은 커녕 오히려 오그라들었다. 잎은 누렇게 변해가고 제구실을 못하겠다고 생각을 하며 물을 주고 자주 들여다보았다. 여름이 되면서 잎이 생기가 돌고 녹색을 띠기 시작했다. 한 달쯤 지나니 제법 넝쿨이 뻗어 오른다. 나는 막대를 구하여 담장에 비스듬히 세우고 줄기를 끈으로 매어주었다. 잎이 싱싱하게 너불거리고 줄기는 하루가 다르게 담장을 타고 올라갔다.

　남편은 담장과 지붕 사이를 전기줄로 연결하여

뻗어나갈 자리를 마련해 주었다. 두어 달이 지나니 꽃이 피기 시작하고 밤톨만한 열매를 맺었다. 어디서 날아들었는지 벌과 나비가 꽃을 따라다니며 꿀도 빨고 꽃가루를 옮겨다 주기도 한다. 나는 그들이 하는 양을 바라보며 자연의 오묘한 섭리에 감탄했다. 넝쿨은 나날이 다르게 담장에서 전기줄을 타고 지붕으로 뻗어 나갔다.

값으로 따지면 별것 아니지만 내가 심고 가꾼 호박을 따먹는 재미란 참으로 짭짤하다. 애호박을 따고 이웃에 나누어 주기도 하며 어느새 가을로 접어들었다. 지붕으로 올라가니 늙은 호박이 네 개나 된다. 나는 가끔 그것들이 얼마나 컸는지 사다리를 놓고 올려다보기도 했다. 여름부터 가을까지 자란 것이 맷돌짝 만하다. 그것들이 커가니 영양이 부족해서인지 호박이 열려도 제대로 자라지도 못하고 아기주먹만큼 커가다가 떨어져 버리는 것이 많다. 누렇게 익어 주렁주렁 달린 그것들을 바라보니 신기하다. 그런데 늦둥이 하나가 덩치 값을 못하고 영 익지도 않고 늦가을이 되어도 청둥이다. 사실 그것이 익으면 함께 따려고 여지껏 그냥 두었다. 가을이 깊어가고 찬바람이 불어도 말째놈은 익지를 않는다.

제일 먼저 달린 놈은 지난 가을에 시집 간 딸아이가 수태(受胎)를 하였다 하니 딸의 몫이고, 둘째는 내가 존경하는 형님을 드려야겠고, 셋째는 호박 모종을 가져다 준 문우네를 주어야겠다. 그리고 덜 익은 막내 놈은 우리 차지다. 네 개의 호박을 나란히 놓고 보니 대견스러웠다. 내일 모레쯤 청둥이에 팥을 삶아 넣고 죽을 쑤어서 이웃잔치를 해야겠다.

제일 잘생긴 첫째 놈을 두 손으로 번쩍 들어 안으면서 우리 딸이 이놈을 먹고 호박처럼 튼실하고 둥글둥글 모나지 않은 손주를 낳았으면 하고 생각하니 마음이 흐뭇하다.

1998년

다시 찾은 달

며칠을 계속해서 내리 퍼붓던 비가 열나흘 오후 가서야 겨우 그쳤다. 한가위 밤에는 구름 한 점 없이 맑은 하늘에 유난히 달이 밝았다. 나는 달빛을 따라 발길을 뜰로 옮겼다. 목련나무 사이로 흘러가는 달이 나에게 옛 생각을 불러일으킨다.

나는 어려서 달을 무척 좋아했다. 전깃불이 없었던 시골에서 달은 마을을 밝혀주는 등불 구실을 했다. 그믐밤에는 길을 나설 때도, 이웃에 갈 때도 램프 불을 이용해야 했다. 여름밤이면 친구들과 멍석자리에 나란히 누워 밝은 달을 바라보며 달만큼이나 먼 훗날을 그려보기도 하였고, 온 세상이 떡가루를 뿌려 놓은 듯 흰 눈에 쌓인 겨울밤이는 달빛이 반사되어 수정처럼 반짝이는 눈을 밟으며 한없이 눈길을 걷기도 했다.

한때 학교 공부보다도 소설 읽기에 빠졌던 적이 있었다. 흐릿한 석유 등잔 밑에서 책을 읽고 있다가 지장(紙窓)에 비친 달빛에 끌려 툇마루에 울고 웃던 마음도 맑게 개이고 사춘기에 고뇌하던 내 마음의 벗이 되어 주었다.

우리 마을은 산이 없고 넓은 벌판 한가운데 자리를 잡은 농촌이다. 땅이 넓어서인지 하늘도 유난히 넓어 보였다.

정월 대보름이면 어머니는 저녁을 일찍 해서 먹이고 머리를 감고 몸치장을 단정히 한 다음 짚가리로 간다. 깨끗한 짚단을 골라 추려내고 직경이 15센티미터쯤 되게 두 개의 단을 묶는다. 그것을 양손에 들고 뒷동산으로 간다. 그곳엔 벌써 동네 아낙네들이 저마다 양손에 짚단을 쥐고 동쪽을 향하여 서 있다. 동산 한편에 모닥불이 피워 있다. 동편 하늘이 불그레 물들어 오고 달이 떠오를 무렵이면 모두들 짚단에 불을 붙인다. 솟아오르는 달을 놓칠세라 양손을 머리 위로 돌려 앞으로 모으면서 절을 시작한다. 사방은 고요하고 마을 어귀마다 불꽃이 휘황하다. 나도 어머니 옆에 서서 양손을 뒤로 돌려 앞으로 모으면서 어머니 하시는 대로 쫓아하곤 했다. 달이 높이 솟아오르고 짚단이 거의 찰 무렵이면 타다 남은 짚을 모닥불에 던져 나머지를 태운 다음 동산을 내려온다. "엄마 왜 달에게 절하는 거야?" 하고 물으면 어머니는 "너희들 잘 되게 해 달라고 달님에게 지성을 드리는 거란다" 하셨다.

여고 시절이었다. 20리 길을 터벅터벅 걸어서 학교로 가고 있으면 자전거를 타고 한길을 씽씽 달리는 남학생들이 있었다. 그것이 부러웠다. 차가 없었던 그 시절엔 학교에 빨리 갈 수 있는 교통수단은 자전거뿐이었다. 그러나 보수적인 우리 집에서 여자가 자전거를 배운다는 것은 생각도 할 수 없었다. 그 무렵 같은 반 친구이자 한 마을에 사는 Y가 자전거를 배운다고 하였다. 나도 배우고 싶어 달이 밝은 밤에 집에서 몰래 빠져나와 그 애네 집으로 가서 불러냈다

둘이서 자전거를 끌고 마을에서 그리 멀지 않은 초등학교 운동장으로 갔다. 친구는 붙들어 주고 나는 자전거에 올라타 열심히 페달을 밟았다. 며칠을 연습하니 혼자서도 잘 타게 되었다. 우리는 달이 밝은 밤이면 자전거를 타러 한길로 나섰다. 쏟아지는 별빛을 받으며 가로수 늘어선 한길을 달리며 노래를 불렀다.

'목련꽃 그늘 아래서 베르텔의 편질 읽노라. 구름꽃 피는 언덕에서 피리를 부노라. 아, 멀리 떠나와 이름 없는 항구에서 배를 타노라. 돌아온 사월은 생명의 등불을 밝혀준다. 빛나는 꿈의 계절아 눈물어린 무지개 계절아.'

오늘 밤엔 오랜만에 달과 마주하였다. 달에게 지성으로 소원을 비시던 어머니가 세상을 떠난 지도 여러 해가 되었고, 어머니 치맛자락을 붙잡고 따라다니던 나도 이순(耳順)의 길목에 와 있다. 참 많은 세월이 흘러갔다. 결혼을 하고 고향을 떠나 도시에 살면서 달을 까마득히 잊고 살았다.

내가 옛 생각에 깊이 빠져 있는 동안 달은 목련나무 사이를 지나 중천에 높이 떠가고 있었다.

1998년

뒷모습

지난 봄 어느 날이었다. D여대 평생교육원 강의실을 나온 K씨와 나는 교정으로 발길을 옮기고 있었다.

교정의 봄은 아름다웠다. 새들이 여기저기서 지저귀고 나뭇잎은 여한 녹색으로 번져가고 있었다. 꽃들이 만개 하였는가 하면 어떤 것들은 봉오리지어 피어나고 푸른 하늘엔 흰 구름이 유난히 화사하게 떠가고 있었다. 도심에서 이런 숲을 거닐 수 있다는 게 얼마나 다행한 일인가. 나는 가끔 이 길을 거닐며 사색에 잠기곤 한다.

그런데 멀리 오솔길을 따라 천천히 걸어가는 낯익은 모습이 눈에 띄었다. 전주에 사는 박 선생이다. 우리는 가까이 가서 "박 선생님" 하고 불렀다. 그 분은 가던 발길을 멈추고 뒤를 돌아본다. 우리를 보고 반가워하며 "그동안 평안하시었소? 그리고 좋은 글 많이 썼소?" 한다.

2년 전 평생교육원에서 수필창작 과목을 수강할 때였다. 멀리 전주에서 이 강의를 수강하러 나오는 연세 지긋한 남자 한 분이 있었다. 그분이 바로 박 선생이다. 한 분뿐인 남자 수강생을 우리는 청일점이라고 했다. 40여년 간 교육계에 계시다가 초등학교 교장으로 퇴임을 하였다고 한다. 조용하고 말이 없으며 점잖은 분이다. 인자한 선배 같아 존경하였다. 같은 강의실에서 봄, 가을, 두 학기를 함께 공부하다 보니 서로가 스스럼없이 지내게 되었다.

그분이 나오던 마지막 학기에 내가 수필반 대표를 맡게 되었다. 수필 창작이 화요일 첫째 시간이었다. 아침에 가면 강의실은 늘 책상과 의자가 어수선하게 흩어져 있고 종이조각들은 여기저기 널려져 있었다. 나는 수업이 있는 화요일이면 남보다 먼저 가서 청소를 하였다. 때로는 박 선생이 나보다 먼저 와 있었다. 그런 날은 언제나 교실이 깨끗하게 정돈되어 있었고 바닥도 말끔하게 쓸어져 있었다. 내가 미안하여 어쩔 줄 몰라하면 박 선생은 "아무나 먼저 오는 사람이 하는 거지 청소하는 사람이 따로 있나요" 했다. 어쩌다 그분이 나오지 않은 날이면 혹시 어디가 편찮은 게 아닌가 궁금하기도 하였다.

  그분이 쓴 수필 중에 「리듬」이란 글이 있다. 오랜 세월 직장에 다니면서 규칙적인 생활을 해오다가 퇴직 후 집에 있으면서 무질서한 생활로 삶의 리듬을 잃어 몸과 마음이 쇠약해졌다고 했다. 그 리듬을 찾기 위해 수필창작 강의를 수강하러 오게 되었다고 한다.

강의가 있는 날이면 하루 전에 상경하여 아드님 댁에서 하룻밤을 자고 다음날 강의를 듣고 전주로 내려간다고 한다. 그분이 다니던 마지막 종강 날이었다. 박 선생은 나에게 집주소를 적어 달라고 하였다. 그리고 그 해 섣달 그믐께 연하장을 보내 주었다. 내용은 화안애어(和顔愛語). 고요한 얼굴과 따뜻한 말로 삶의 보람을 찾으라는 뜻이리라. 가슴에 와 닿는 글귀다.

박 선생이 떠나고 또 한 해가 지나갔다. 나는 계속 평생교육원엘 나왔다. 나이 들어 젊은 사람들과 어울려 함께 배울 수 있다는 것, 등나무 아래 벤치에 앉아 차를 나누며 대화를 할 수 있다는 것, 쓸 줄 모르는 글이나마 써 본다는 것이 얼마나 다행

한 일인가. 봄, 여름, 가을, 겨울 철따라 변하는 경관에 매료되어 그리고 함께 배우는 동료들과 헤어질 수 없어 여러 해를 다니고 있다.

한 해 사이에 많이 늙으신 것 같았다. 우리는 벤치에 앉아 자판기의 커피를 나누며 이야기를 했다. 함께 공부하던 사람들의 안부로 시작하여 가끔 그때가 그립다는 이야기며 전주에서 문학활동을 하고 있다는 것 등 많은 이야기를 나누다 교정을 한 바퀴 돌아서 교문으로 향했다.

나는 그분이 삶의 리듬을 다시 찾아 몸과 마음이 모두 건강하여 좋은 글을 많이 쓰기를 바란다. 박 선생은 아쉬운 듯 교정을 뒤돌아본다. 인사를 나누고 손을 흔들며 멀어져 가는 뒷모습을 망연히 바라보고 서 있었다.

1998년

동반자

 오늘 아침 아들이 짐을 꾸려가지고 회사 근처로 떠났다. 그 애의 방을 정리하면서 철없는 것이 어미 곁을 떠나서 잘 지낼까 걱정이 된다. 지난 가을 딸을 출가시켰다. 그때만 해도 허전하진 않았다. 하루 종일 일이 손에 잡히지 않는다. 일을 하다가도 창문을 열고 먼 하늘을 바라보며 맥을 놓고 서 있기도 했다. 그래도 저녁이 되면 문을 열고 들어서며 '엄마' 하고 부를 것만 같았다. 아들이 쓰던 방과 딸의 방을 들락거린다. 네 식구가 모여서 오순도순 살아가던 지난날들을 생각하며 이 구석 저

구석을 더듬어 본다.

결혼하여 7년 만에 아이를 낳았다. 그동안 병원이고 한약국이고 용하다는 것은 다 찾아다니며 노심초사 걱정이 이만저만이 아니었다. 뒤늦게야 아들 딸 남매를 두었다. 첫아이를 업고 친정에 들렀더니 옆집에 사시는 재당숙께서 하는 말이 "너는 국회의원 당선한 것보다 더 큰 일을 해냈구나." 하며 웃던 생각이 난다. 누구나 다 그렇겠지만 나는 아이들을 키우면서 불면 날까, 만지면 터질까, 애지중지 키웠다. 다행히 아이들이 자라면서 건강하고 모나지 않게 잘 자라 주었고 학교생활도 잘해 나가서 그런 대로 행복했다.

지난 봄 대학을 졸업한 아들이 모 회사에 취직이 되었다. 회사가 멀어 새벽밥을 지어야 했다. 밤늦게 피곤해서 돌아오는 아들을 보며 우리 부부는 의논 끝에 회사 근처에 집을 얻어서 내보내기로 했다. 밥은 회사에서 해결하고 잠만 자면 되니 그리 불편할 것 같진 않아 결정을 내렸다.

 남편은 일찍 잠자리에 들고 나는 자정이 넘었는데도 잠이 오질 않는다. 남편이 자는 안방으로 들어섰다. 코를 골며 세상 모르고 잔다. 가만히 얼굴을 들여다본다. '참 많이 늙었구나.' 새삼 낯선 것 같기도 하고 많이 보던 얼굴 같기도 하다. 늘 보며 함께 살아온 사람이 저렇게 늙었다고는 생각지 못했다. 하기야 같이 한 세월이 35년이 되었으니 강산이 변했어도 세 번은 변했을 것이다. 나는 함께 살아온 지난 세월을 더듬어 본다. 늦게까지 아이를 못 낳아도 싫은 내색 한 번 안했던 것이 고맙고, 오랜만에 남매를 얻어 키우던 시절이 행복했다. 남편 사업이 문을 닫게 되었을 때 막막했던 일들, 그래도 우리는 다투며 의논하며 미워하고 사랑하며 여기까지 왔다.

밖은 쥐죽은 듯 고요하고 괘종시계는 두 시를 알린다. 나는 이제 자야겠다고 생각하며 이불 속으로 파고든다. 남편은 자다가 눈을 번쩍 뜨며 "여지껏 자지 않았어, 무얼 하느라고" 텅 빈 집안에 남편의 목소리가 유난히 크게 들린다.

4월이 오면

1999년

4월이 오면

  진달래꽃이 만발하는 4월이 오면 생각나는 사람이 있다. 사랑했던 사람이 아니다. 다정했던 벗도 아니다. 내가 철부지였던 어린 시절 이 세상에서 제일 불쌍하다고 생각했던 사람이다.

  국민학교 2학년 때였다. 책가방을 메고 앞개울 징검다리를 건너 집을 향해 발길을 옮기고 있는데 우리 집 사랑채 뒷문 앞에 머슴으로 있는 원샘 할아범과 낯모를 청년이 서 있었다. 나는 대문을 들어서며 할아버지가 기거하시는 사랑방 앞문 쪽으로 갔다. 할아버지는 책상다리를 하고 시조를 읊고 계셨다.

"청산리 벽계수야 수이 감을 자랑마라, 일도 창해하면 다시 오기 어려워라……."

한 연이 끝날 때마다 오른 손으로 무릎을 탁 치신다.
"주인님 접니다."
할아범의 소리가 들려왔다. 할아버지는 읊던 시조를 그치고 소리 나는 쪽을 향하여 "오, 자넨가 들어오게" 하셨다. 나는 책가방을 멘채 그대로 방문 앞에 서 있었다. 잠시 후 그들 두 사람은 방안으로 들어선다. 머슴과 함께 온 청년은 윗목에 엉거주춤 앉는다. 할아범은 청년에게 "주인어른이시다. 인사드려라" 하였다. 청년은 자리에서 벌떡 일어나 큰절을 하고는 무릎을 꿇고 앉는다.

"하나밖에 없는 제 자식 놈입니다. 덩치는 크지만 아직 어리고 심이 덜 났습니다. 심성이 착해서 어르신 속을 썩이진 않을 것입니다."

할아범의 말끝은 약간 떨렸다. 할아버지는 그 청년을 한동안 쳐다보시더니 "그 놈 애비보다 잘생겼군" 하신다. 사실 할아범은 키가 작은 데다 깡마르고 한 쪽 눈이 약간 애꾸였다.

다음날부터 할아범은 보이지 않고 아들이 아버지 뒤를 이어 일을 하였다. 새벽에 일어나 소죽을 쑤고 바깥 마당을 쓸며 조반이 끝나면 지게를 지고 들로 나갔다. 말이 별로 없지만 말할 상대도 없었다. 그의 이름은 순관이라고 했다. 그는 나를 작은 아가씨라 하고 나보다 세 살 위인 막내고모를 큰 아가씨라고 했다. 나에게는 가끔 말을 걸어 왔지만 고모와는 말을 하지 않았다. 어느 달 밝은 밤이었다. 순관이는 바깥 마당가 채마 밭 둑에서 뒷

짐을 지고 하염없이 달을 바라보고 서 있었다. 나는 어린 마음에 괜스레 슬퍼졌다.

그 해가 지나고 봄이 왔다. 앞산 진달래꽃이 만발할 무렵 순관이는 산으로 나무를 하러 갔다. 돌아오는 길에 진달래꽃을 한아름 꺾어 나뭇짐 뒤에 꽂아가지고 왔다. 나에게 그것을 내밀며 "작은 아가씨, 이거." 한다. 나는 그렇게 소담스럽고 예쁜 꽃은 처음 보았다. 그 꽃을 들고 내가 공부하는 건넌방으로 갔다. 오지항아리에 물을 가득 담고 꽃을 꽂아 책상 위에 놓았다. 그 후부터 나는 그와 친하게 되었다. 나는 순관이를 무어라 부를 수 없어 할 말이 있으면 옆에 가까이 가서 내 말만 늘어놓았다. 그러면 그는 말을 다 들어준다. 산에 나무를 가면 산밤, 더루 등 산열매를 따다준다든지 꽃을 꺾어다 준다든지, 보이면 버드나무나 미루나무로 피리를 만들어주기도 하였다. 아저씨 같고 오빠 같고 그렇게 지내면서 우리 집에 온 지 4년의 세월이 흘러갔다.

한국동란이 일어났고 마을은 온통 인민군 세상이 되었다. 그는 머슴살이가 싫었던지 의용군에 지원하였다. 그리고 그 자리엔 최 서방이라고 하는 늙수그레한 머슴이 새로 왔다.

봄볕이 따사롭다. 일손을 멈추고 창문을 활짝 열어젖혔다. 뜰에 핀 목련 꽃잎이 바람에 날린다. 고향 앞산에 진달래꽃이 만발하겠지. 나는 지금도 고향에 가면 진달래꽃을 한아름 꺾어 나뭇짐에 꽂아 가지고 돌아올 사람이 있을 것만 같아 먼 남쪽 구름 가는 곳을 망연히 바라본다.

1999년

훈훈한 사람들

나는 마음이 울적하면 고향에 간다.

며칠 전 공원을 거닐다 벌거벗은 나목들이 바람에 떨고 있는 모습을 보며 문득 고향 생각이 났다.

한 시간 반이면 갈 수 있는 거리, 그날따라 날씨가 쾌청하였다. 버스 안에서의 내 마음은 벌써 그곳에 가 있었다. 고속버스 터미널에서 11시 20분 차를 탔는데, 고향에 도착하니 1시가 채 못 되었다. 차에서 내려 부리나케 어머니가 계신 집으로 향하였다. 대문을 들어서며 "어머니" 하고 불렀다. 안에서 내 목소리를 알아들으시고 "큰애냐? 어떻게 소스도 없이" 하며 방문을 열고 나오신다. 나는 "그냥" 하며 웃었다. 어머니는 전보다 많이 늙으신 것 같다.

"애야, 큰댁에 가 보아라."

"큰댁엔 왜?"

"어제 고사를 지냈는데 떡을 대접하려고 마을 부녀자들을 초대한단다."

어머니는 가방을 받아들고 방으로 들어가시고 나는 큰댁으로 향하였다. 댓돌에는 여자 신발이 여러 켤레 놓여 있었다. 문 앞에 가서 "언니" 하고 불렀다. 언니는 방문을 열며 "어아 작은아씨 아냐? 어서 와요" 하며 반긴다. 내가 방으로 들어서는 순간 박수가 쏟아져 나왔다. 나는 어리둥절하였다. 방안에서 아주머니 한 분이 일어서더니 나를 끌고 한가운데로 앉힌다. 나는 웃으며 "모두들 안녕하세요?" 하고 인사를 하였다.

큰댁 언니는 내가 스무 살 되던 해 스물두 살의 어린 나이로 시집을 왔다. 몸도 연약한 분이 대 종가 댁 큰살림을 하느라 고생이 많았다. 처음엔 언니 얼굴을 하루만 보지 않아도 무엇을 잃어버린 것 같아 날마다 한차례 그 집을 들르곤 했다. 친언니 같은 생각도 들었지만, 또 학교 선배이기 때문에 전부터 아는 사이기도 했다. 이제 얼굴에 주름도 많이 늘고 머리 염색을 시작한 지 여러 해가 되었단다.

 방바닥에 신문지를 깔고 김이 무럭무럭 나는 시루떡과 시원한 동치미를 늘어놓고 먹으며 이야기꽃을 피웠다. 그때 내 옆에 앉았던 먼 친척 아주머니가 바싹 다가앉으며 "조카님, 글쎄 내 말 좀 들어봐" 한다.

 "내가 처음 서울에 갔었을 때의 이야긴데, 그 당시엔 고속버스가 있나. 완행차라도 자주 다니나.

서울을 당일치기로 다녀오려니 자연 늦을 수밖에 없었지. 서울역 앞 시외버스 정류장에서 버스를 기다리고 있고, 해는 저물어가고 마음은 조급하고 안절부절못했지. 그때 저쪽에서 아랫마을 뚱뚱이 양반이 뒤뚱거리며 지나가질 않겠어. 어찌나 반가웠던지 돌아가신 우리 어머니 만난 것 같더군. 그래 그 양반을 놓칠세라, 먼발치에서 따라다니다 집에 무사히 도착했지" 한다.

그 아주머니 말이 어찌나 허풍스러운지 방 안 사람들이 박장대소(拍掌大笑)를 하였다. 그렇다. 고향사람을 그 상황에서 만났으니 얼마나 반가운 일인가.

얼마 전엔 길에서 할머니와 손자인 듯한 아이가 함께 가는 것을 보았다. 할머니가 손자에게 하는 말이 "가생이로 가거라, 차가 무섭다" 하였다. 나는 그 말을 듣는 순간 쫓아가서 어디서 왔느냐고 물어

본 일이 있다. '가생이' 그 말이 바로 내 고향 사투리인 것이다. 타향에선 고향 사투리만 들어도 반갑다. 그래서 늘 가슴에 묻고 사는 것이 고향의 정인가 보다.

  나는 마음이 울적하면 고향에 간다. 거기 내 젊은 날의 꿈이 있고 낭만이 있고 추억이 있고, 그리고 또 언제나 나를 반겨주는 훈훈한 사람들이 있기 때문에.

1999년

팔불출

남편자랑, 아내자랑, 자식자랑 하는 사람을 팔불출이라고 한다.

저지난해 시집 간 딸이 아이를 낳더니, 팔불출이 되어간다. 한 달도 채 안된 제 아들을 들여다보며 "엄마, 우리 요한이가 참 잘생겼지." 코도 입도 눈도 저희 내외 잘생긴 점을 닮았단다. 나는 웃으며 말했다.

"남들 있는 데서는 그런 말을 하지 말고 너 혼자만 그렇게 생각해라. 누가 들으면 널 보고 뭐라고 하겠니."

옆에 앉았던 사위는 한술 더 뜬다.

"우리 요한이가 효자가 될라나 봐요."

나는 웬 뚱딴지같은 소리인가 하여 속으로 웃음이 났다. 사위의 말인즉 아이가 예정일 보다 20일 미리 태어나지 않았더라면 어디가 삼복더위에 몸조리도 제대로 못했을 것이고, 사위도 여름방학 수련회 준비 때문에 바빠서 병원에도 자주 들르지 못하고 마음고생만 했을 것이란다. 나는 딸 부부가 아이를 놓고 행복해하는 모습을 보며 마음이 흐뭇했다.

병원에서 1주일 만에 퇴원하여 40일 동안 몸조리하고 저희 집으로 돌아갔다. 그들을 보내놓고 오랜만에 외출을 하였다. 저녁 때 돌아온 나는 아이가 있던 건넌방 문을 열어봤다. 천장에 매달려 흔들거리던 모빌도 아기가 쓰던 물건들도 보이지 않았다. 병원에서 퇴원하여 오던 날 연보라색 꽃이 열 송이가 예쁘게 피어난 수국화분을 아기 방에 놓았었다. 그 꽃잎만 시들어 떨어진 것들이 방바닥에 뒹굴고 있었다.

 저희 모자가 집으로 돌아간 다음날, 시골에서 시부모 내외분이 다녀가셨더란다. 사부인이 흰 바탕에 빨간색 테를 두른 예쁜 모자를 손수 떠가지고 와서 씌워보며 "태몽에 큰 짐승이 보이더니 우리 집안에 인물이 나려나 보다. 이마가 훤칠하니 반듯하고 이목구비가 또렷하게 잘 생겼구나." 하며 사돈내외가 번갈아 아기를 안아보며 좋아 하였단다. 그 말을 듣고 돌아가신 할아버지 생각이 났다. 별로 잘나지도 똑똑하지도 못한 손녀 자랑을 얼마나 하셨는지, 어쩌다 할아버지 친구 분 댁에 심부름을 가면 그 공부 잘하고 영리하다는 손녀군 하시며 칭찬하면 나도 모르게 얼굴이 뜨거워졌었다.

 딸아이가 저희 집으로 돌아간 다음 두 달 반 만

에 되갓집에 다니러왔다. 제법 크고 살이 올라 갓난이 태가 벗겨졌다. 눈을 감고 자다가 꿈을 꾸는지 방긋이 웃는가 하면 코로 실룩거리며 우는 시늉을 한다. 제 어미가 안고 토닥거리며 노래를 부르니 오른쪽 다리를 흔들거리며 장단을 맞춘다. 저 어린 것이 무슨 생각을 하는 걸까.

  요한이가 며칠 있으면 돌이 돌아온다. 제법 엄마, 아빠란 말도 할 줄 알고, 빠이빠이 하면 손도 흔들 줄 안다. 걸음마도 곧잘 한다. 넘어졌다가는 일어나 걷고 손뼉을 쳐주면 더 열심히 한다. 텔레비전에서 음악이 나오면 엉덩이를 들썩거리기도 한다. 조용하고 서둘지 않으며 제 집 남의 집도 구별할 줄 아는 눈치도 있다. 이 천진스럽고 귀여운 아기를 어찌 자랑 아니 할 수 있을까. 손자 자랑도 팔불출에 들어간다면 나도 그 쪽으로 가고 있는가 보다.

2000년

그네 뛰던 시절

음력 5월이 되면 그네 뛰던 시절이 생각난다.

내 고향엔 해마다 단오가 되면 마을에서 약간 떨어진 '말림거리'라고 하는 솔밭에다가 그네를 매어 놓았었다. 그곳은 여름이면 마을 조무래기들의 놀이터가 되기도 하고, 일하던 농부들이나 지나가던 나그네의 쉼터가 되기도 하였다.

낮에는 아이들이 그네를 뛰었지만, 저녁이 되면 청년들이나 처녀들 그리고 젊은 아낙네들까지도 솔밭으로 모여들었다. 하늘에서는 별빛이 쏟아지고 사방에서 개구리들이 요란하게 울어댔다. 우리들은 스나무 옆 잔디밭에 앉았거나 서서 차례를 기다리며 이야기꽃을 피웠다. 나는 널뛰기는 서툴렀지만, 그네뛰기만큼은 자신이 있었다. 내 차례가 오면 흥분된 마음으로 그네에 오른다. 앉았던 사람들도 일어나 내가 뛰는 것을 바라본다. 처음에는 서서히 구르다가 차차 힘을 준다. 그렇게 하다가 절정에 달하면 줄을 쥔 양팔을 쫙 벌리면서 다리를 위로 쭉 뻗어올린다.

발끝으로 소나무의 높은 가지를 흔들어 놓으면 구경하던 사람들이 일제히 손뼉을 치며 환성을 지른다. 그렇게 그네를 뛰러 다니다 보면 5월도 어느덧 중반에 접어들고 달은 만월을 이룬다. 마을 어른들은 그네의 수명이 다 되었다는 핑계로 줄을 끊어버린다.

5월 그믐께가 되면, 보리타작도 끝나고 무논에 심어 놓은 벼도기가 새 뿌리를 내려 싱싱하게 올라

온다. 이때쯤이면 시골 사람들의 일손도 한숨 돌리게 된다. 녹색 들이 펼쳐지고 논두렁엔 백로가 목을 길게 늘이고 두리번거리며 먹이를 찾아 성큼성큼 걸어 다닌다. 그 모습은 한 폭의 그림처럼 평화로웠다.

 우리 집 아이들이 태어나기 전 대전에서 살 때였다. 단오가 가까워서 대전천 모래밭에 그네를 매어 놓고 경연대회가 열렸었다. 전봇대만큼이나 굵고 긴 통나무로 3미터쯤의 간격을 두어 기둥을 세우고 튼튼한 나무를 가로질러 밧줄로 꽁꽁 동여맨 다음 그넷줄을 매어 놓았었다. 그것은 생나무에다 맨 것과는 달라 신축성이 없는 데다가 줄이 길어서 치렁치렁했다. 힘이 없는 사람은 뛰기 어려웠다. 나는 옛날 생각이 나서 며칠 동안 연습 겸 뛰러 다니다가 힘이 부족하여 본선은 포기하고 말았다.

 지난 초여름 볼 일이 있어 고향에 갔다가 오랜만

에 말림거리에 들렀었다. 옛날에 어리던 나무는 자라서 숲을 이루었고 그네를 대었던 나무는 고목이 되어 밑둥이 움푹 패어 볼품없이 되었다. 나는 지난날 그네 뛸 차례를 기다리며 이야기꽃을 피우던 잔디밭에 다리를 쭉 뻗고 앉아 보았다.

  나와 가장 친했던 Y는 저세상으로 간 지 여러 해가 되었고, 그네 뛰러 다니다가 정분이 났다는 K와 T는 서울 어디선가 아들딸 낳고 잘 산다고 한다. 늙어서 할머니, 할아버지가 되었을 친구들을 하나하나 더듬어 본다. 그들도 나처럼 옛날을 생각하고 있을까. 고목이 되어 일그러지고 볼품없이 늙은 나무를 멍하니 바라본다. 참 많은 세월이 흘렀구나. 옛 생각에 시간 가는 줄도 잊고 앉아 있는데 솔밭에 백로들이 하나둘 모여들었다. 해는 서산을 넘어 하늘을 붉게 물들이고 하늘엔 어느덧 별들이 반짝이고 있었다. 나는 자리에서 벌떡 일어났다.

옛시조가 생각이 난다.

오백 년 도읍지를 필마로 돌아보니,
산천은 의구한데 인걸은 간데없네.
어즈버 태평연월이 꿈이런가 하노라.

오솔길을 따라 마을로 돌아오는데, 달이 나를 내려다보며 빙그레 웃고 있다.

2000년

유언

 10여 년 전 담도암으로 투병 중에 계시는 시어머니를 뵈러 대전에 갔었다.

 내가 간다는 소식을 듣고 시누이들이 모였다. 방문을 열고 들어서자, 살이라곤 한 점 없이 뼈와 가죽만 앙상하게 남은 육신을 벽에 기대고 앉아 계셨다. 들어서는 나를 보고 반가운 듯 미소를 지으며 아이들은 어떻게 하고 왔느냐고 한다. 나는 시어머니 앞에 바싹 다가앉으며 손을 잡아본다. 나무토막 만지듯 뻣뻣했지만, 손에서는 온기를 느낄 수 있었다.

나는 무슨 말을 해야 그분에게 조금이나마 위로가 될까 망설이다가 말을 꺼냈다. "이렇게 고생하셔서 어떻게 해요." 시어머니는 나의 잡은 손을 꼭 쥐면서. "찾아 줘서 고맙네, 죽기 전에 한번 만나보고 싶었는데. 숙인 엄다! 살아오면서 내 잘못을 모두 풀어 줬으면 해서…" 그리고 시누이들을 쳐다보며 "얘들아, 내가 죽더라도 언니를 자주 찾아보며 잘들 하거라 좋은 사람이다." 그 말을 듣는 순간 가슴에 뭉쳐 있던 응어리가 확 풀리는 것 같으며 눈물이 쏟아졌다.

  시어머니는 나의 남편을 낳은 분이 아니다. 이북에서 피란을 내려온 시아버님과 중간에서 만난 분이다. 아버님과 살면서 아들 낳기를 원했지만, 딸만 내리 4명을 낳았다. 막내는 내가 결혼한 후에 낳았으니, 나의 딸과 같다. 아들이 없어서 그랬을까, 조상의 제사도 나에게 맡기고 한 번도 참석하지 않으셨다. 별난 시집살이를 시킨 것도 아니고 마음씨가 나빴던 분도 아닌데 왠지 서먹해 하며 늘 거리감을 두시던 분, 그래서인지 별로 정을 느끼지 못했었다. 우리 집과는 멀리하는 반면 당신 딸들이나 친정을 유난히 챙겼다. 시아버님을 앞세우고 가정불화를 일으켰던 일들로 하여 속이 상할 때가 많았다. 한번은 살던 집을 팔고 셋집으로 이사를 하셨다. 할 수 없이 살던 셋집을 사드리기도 하였다. 그러나 시아버님이 돌아가실 때까지 극진히 모셨던 것이 고맙기도 하였다.

시어머님이 돌아가시기 전에 날 보기를 원했다. 사람이 죽으면 미웠던 마음은 다 사라지고 정만 남는다고 한다. 지금은 시어머님이 나에게 잘한 일들만 생각난다. 나는 그분과 시어머니와 며느리라는 인연으로 하여 제사를 모시고 있다.

엊그제가 시어머니의 기일이다. 나는 그분의 제

삿날이면 생전에 좋아하시던 고사리 나물과 조기를 잊지 않고, 제사상에 올린다. 그리고 나의 손을 꼭 잡고 마지막 하시던 말이 떠올라 마음이 숙연해진다.

2000년

흐순이

흐순이는 어릴 적 동갑내기 내 친구다.

나는 그 친구가 생각날 때면 애련한 추억들이 떠오른다.

흐순이가 살던 집은 우리 집 바깥마당을 지나 있었다. 방이 2개, 부엌 그리고 작은 봉당이 있었고, 봉당 아래 안마당이 있었다. 사립문을 열고 들어서면 오른쪽 울타리 아래에 꽃밭이 있었는데 꽃밭에는 봄부터 가을까지 여러가지 꽃들이 연이어 피고 있었다. 봉선화 꽃이 피기 시작하면 그 집 작은언니는 꽃과 잎을 따서 백반을 넣고 곱게 짓찧어 두었다가 밤이 되면 손톱에 봉선화 물을 들여 주곤 하였다.

 가족은 할아버지, 아버지, 어머니, 언니가 2명 그리고 흐순이 그렇게 6식구가 오막살이집에서 살았다. 사실 흐순이는 그 집 딸이 아니고, 어머니가 개가하여 올 때 데리고 온 아이였다. 그래서인지 가족들과는 물에 기름 돌 듯 외로운 처지였다. 너부데데한 얼굴은 백옥같이 희었고, 쌍꺼풀진 눈이 유난히 컸던 그 애는 어리숙한 인상을 주었다. 집이 가난하였던 흐순이 어머니는 우리 집안일을 도와주곤 하였다. 일을 하러 올 때면 흐순이는 제 어머니를 따라와서 나와 함께 놀았다. 인정이 많으셨던 나의 어머니는 먹을 것이 있으면 흐순이와 나에게 똑같이 나누어주곤 했다. 그 애는 어쩌다가 식구들에게 꾸중을 듣거나 기분이 좋지 않은 일이 있으면 우리 집 대든 앞에 와서 훌쩍거리며 운다. 나의 어머니는 집안으로 끌고 들어와서 "불쌍한 것, 불쌍한 것"하며 달래곤 했다. 나는 흐순이가 왜 불쌍한지를 알지 못했었다.

  8살이 되던 해였다. 나는 초등학교에 입학하였는데 그 애는 학교에도 보내주지 않았다. 내가 책가방을 메고 학교에서 돌아오면 흐순이는 시간을 맞춰 앞 개울에 있는 징검다리를 건너 뛰어온다.

  "무엇을 배웠어? 재미있었어? 내가 너를 얼마나 기다렸는지 알아?"

  책가방을 빼앗아 메고 뒤를 따라오면서 조잘댄다. 몸이 유난히 약했던 나는 말라리아에 자주 걸렸었다. 그날도 아픈 것을 참고 학교에 갔었다. 수업을 마치고 힘없이 터덜터덜 걸어오는데 흐순이가 교문 앞에 불쑥 나타났다.

  "아프다면서 어떻게 학교에 왔어?" 하면서 나에게 등을 내민다. 사실 나는 몸이 가냘프고, 흐순이는 뚱뚱보에다가 기운이 셌다. 나를 업고 낑낑대면서 "괜찮아, 나는 괜찮아." 누가 뭐라고 하지도 않는데 중얼댄다.

흐순이는 어머니를 따라와서 4년을 살고 친할머니가 산다는 충북 어딘가로 가게 되었다고 했다.

"난 맏이야. 두 밤만 자면 너와 헤어지게 될 거야."

"왜?"

"우리 할머니한테 가서 살 거야."

나는 외양간의 송아지가 어미 소 주위를 맴돌며 펄쩍펄쩍 뛰면 어미가 새끼의 얼굴을 혓바닥으로 핥아주는 것을 보며 공연히 슬퍼졌다. 이틀 후, 흐순이는 아침 일찍 우리 집에 왔다.

"네가 학교에 가기 전에 널 보려고 왔어. 우리는 언제 또 만나지? 공부 열심히 해."

그 후, 책가방을 받으러 나오던 흐순이는 보이지 않았다. 나는 학교에서 돌아올 때면 그 애가 기다릴 것만 같았고 무엇을 잃어버린 것처럼 허전했다.

오랜 세월을 지나면서도 왠지 흐순이 어머니께 친구의 소식을 한 번도 물어보지 못했다. 이제 그분의 연세가 80이 넘었고 흐순이도 할머니가 되었을 것이다. 고향에 가면 그 친구의 소식을 물어보아야겠다. 그리고 한 번 만나 보고 싶다는 말도 덧붙여야겠다.

2004년

송전암의 보살

지난봄 고향에 갔다가 부모님 산소에 들렀다. 경칩을 지난 봄날은 구름 한 점 없이 화창하였다. 마을을 나와 오솔길을 한참 걷다가 보니 산길로 접어들고 있었다.

산에서 내려오는 맑은 물은 골짜기에 '돌돌돌' 소리 내며 흘러내리고 멧새 한 마리가 나뭇가지를 배회하며 봄을 즐기고 있었다.

물을 따라 올라가다 보니 작은 암자가 있었다. 암자 앞에는 승복을 입은 여인이 마당을 쓸고 있었다. 나는 그 앞을 지나치다가 내 눈을 의심하였다.

분명 아는 사람이다. 다시 확인하려고 곁눈질하는데 상대편에서도 날 알아보고 다가서며 나의 손을 덥석 잡는다. 35여 년 만에 만났는데도 서로의 얼굴을 알아볼 수가 있었다. 나는 산소에 다녀오는 길에 들른다는 말을 남기고 산으로 올라갔다.

 그와 나는 같은 마을에서 자란 친구다. 그녀는 윗마을에 살고 아는 아랫마을에서 살았다. 그녀의 집과 우리 집은 멀리 떨어져 있어 자주 만나지는 않았어도 명절 때나 단오 때면 함께 어울려 놀았다. 그의 집은 꽤 가난하였다는 생각이 든다. 아버지와 어머니가 마을 궂은일이나 경사가 있을 때면 찾아다니며 일을 하였다.

 순박하던 그가 어쩌다가 승가의 길을 걷게 되었을까? 이런저런 생각을 하며 걷다 보니 산소에 도착하였다.

 양지바른 곳에는 파릇한 풀포기가 돋아나고 물

오른 나뭇가지는 녹색을 띠고 있었다. 나는 가지고 온 꽃다발을 부모님 묘 전에 올리고 잔디 위에 앉았다. 멀리 마을이 내려다보인다. 내가 자란 곳이다. 나는 그 마을을 꽤 좋아하였다. 5, 6월 모포기가 싱싱하게 올라오는 녹색 벌판을 좋아하였고, 집집마다 저녁연기가 피어오르면 붉게 물든 석양의 환상적인 풍경이 좋았다.

인간은 망각의 동물이라던가. 부모님이 돌아가시고 한 3년은 일을 하다가도 잠을 자다가도 문득 어머니 생각이 나면 슬픔에 빠지곤 하였다. 세월의 흐름에 슬픔이 가고 그리움으로 남아 가끔 생각날 때면 산소를 찾을 따름이다.

돌아오는 길에 암자엘 들렀다. 그녀는 내가 올까 하여 여러 번 밖을 내다보았다고 했다. 암자의 문을 열고 들어서니 집안이 깔끔하게 정돈되어 있었다. 현관 앞에는 넓은 마루가 있고 마루를 지나 법

당과 방이 나란히 있었다.

  우리는 방으로 들어갔다. 차를 나누며 이야기가 시작되었다. 나는 그녀에게 어쩌다가 불가의 길을 걷게 되었느냐고 물었다. 그는 이렇게 사는 것이 마음 편하다고 하며 빙그레 웃었다. 나는 그의 아픈 곳을 건드릴까 봐 더 이상 묻지 않았다. 차를 마시고 일어나 밖으로 나왔다. 나는 기회가 있으면 또 만나자는 말을 하고 헤어졌다. 한참 걷다가 뒤를 돌아보니 그녀가 손을 흔들고 있다. 홀로 산 중 암자에 남아있을 친구를 생각하니 문득 이백의 시 『산중문답』이 떠올랐다.

  '무슨 일로 푸른 산에서 사느냐고 나에게 묻길래 웃으며 대답하지 않으니, 마음이 한가롭네.
  복숭아꽃이 물에 흘러 아득히 떠나니, 따로이 천지가 있는데 인간 세상이 아니더라.'

별천지라는 이상향을 생각해 본다. 그가 말하듯 홀로 산속에 사는 것이 마음 편할까? 멀어져 가는 암자를 돌아보니 그녀는 그 자리에 우두커니 서서 내가 내려가는 마을 쪽을 망연히 바라보고 있었다.

2001년

약속

아침 산책에서 돌아오니 전화벨이 울린다. 수화기를 들었다. 상대편에서 내 이름을 대며 "나 J인데 기억할지 모르겠어." 한다.

한국동란으로 인하여 세상이 어수선할 때였다. 마을마다 피난민들로 붐비었다. 우리 마을에도 피난민들이 있었다. 그중에 서울에서 온 내 또래의 소녀가 우리 옆집에 살았다. 얼굴이 희고 키가 홀짝 크며 몸이 호리호리한 아주 귀여운 아이였다. 늘 만나던 우리는 친구가 되었다. 할 일이 별로 없던 그와 나는 밥 먹고 잠자는 일 외에는 같이 붙어

다녔다. 산으로 들로 돌아다니며 고기도 잡고 가재 잡이도 하였다. 밤이면 밀짚으로 엮은 자리에 누워서 노래를 부르다가 별빛이 쏟아지는 하늘을 바라보며 '저것은 북두칠성 또 저것은 북극성' 하며 별자리를 찾기도 했었다. 혜성이 긴 꼬리를 늘어뜨리며 하늘을 날면 우리는 손뼉을 치며 '으아' 하고 소리를 질렀다. 그렇게 맑고 파아란 하늘을 그 후로는 보지 못했다.

 그 시절엔 모두가 가난했지만 피난민들은 정말 살길이 막막하였다. 나는 엄마 몰래 호박, 가지, 오이 등을 따서 친구네 집에 가져다주었다. 어쩌다 엄마에게 친구네 이야길 하면 인정 많은 우리 엄마는 고추장, 된장, 김칫거리까지 주면서 갖다주라고 했다. 참외를 따오는 날이면 예쁘고 맛있게 생긴 노랑참외를 골라 짚가리에 감추어 두었다가 친구가 오면 꺼내 주었다. 세월이 어수선하든 말든 아랑곳없이 우리들은 즐겁기만 했다.

9.28 서울 수복이 되고 피난민들은 하나, 둘 마을을 떠났다. 친구네도 서울로 올라간다고 하였다. 떠나는 날 나는 동굴 밖까지 따라갔다. 그 애는 눈물을 글썽이며 "꼭 너를 만나러 올게" 뒤를 돌아보며 손을 흔들고 떠났다. 그 후 5년이 흘렀을 즈음 반 친구의 말이 서울에서 S여고에 다니는 J라는 학생이 너의 안부를 묻더라는 친구의 소식을 풍편으로 들었을 뿐 아무런 연락도 없었다.

어제 그 친구가 날 찾기 위하여 우리 고향에 갔었다고 한다. 마을에 가서 우선 친척 집을 찾아 전화번호를 알아 왔단다.

"하루빨리 널 만나려고 아침 일찍 전화했어. 우리 오늘 만날 수 있을까?"

우리는 오후 3시에 대학로에서 만나기로 약속하고 전화를 끊었다.

전철에 앉아 그녀에 대하여 생각해 본다. 아무리 생각해도 그 친구는 12살의 어린 소녀로 밖에 떠오르질 않는다. 약속 장소인 지하철 4호선 혜화역에 도착했다. 2번 출구를 찾아 계단을 오르고 있었다. 출구 맨 위 계단에 중년을 넘은 뚱뚱하고 키가 큰 여인이 두리번거리며 서 있다. 날 찾는 사람 같았다. 그녀도 나인 것을 직감한 모양이다. 우리는 바싹 다가가서 동시에 상대편 이름을 불렀다. 반가웠다. 그러나 전혀 낯선 사람이다. 50년의 세월이 우리를 이렇게 변하게 하였다. 그녀는 나의 손을 꼭 잡는다.

"참 많은 세월이 흘렀지. 나는 여지껏 살면서 널 잊은 적이 없었어. 별을 헤이던 밤, 짚가리에 노오란 참외를 감추어 두었다가 내가 가면 꺼내어 주던 그 아름다운 정, 죽기 전에 널 꼭 찾아보아야 한다고 생각했어."

그녀와 나는 커피숍에서 차를 나누고 식당에서 저녁을 먹으며 지나간 이야기에 끝이 없었다. 식사를 마치고 밖으로 나왔다. 초가을의 저녁 공기는 쌀쌀하였다. 대학로엔 젊은 남녀들로 붐비고 있었다. 우리는 손을 잡고 12살의 소녀가 되어 은행잎이 노랗게 물들어 가는 석양길을 걷고 있었다.

2001년

모범택시를 타고

어제가 친정아버지의 기일이다.

오랜만에 우리 여러 남매가 잠실에 사는 남동생 집에 모였다. 제사를 마치고 살아가는 이야기에 밤이 깊은 줄도 모르고 있었다. 자고 가라고 붙잡는 올케를 뿌리치고 밖으로 나왔다.

택시를 잡으려고 기다리고 있었다. 밤이 깊어서인지 차가 영 오지를 않는다. 마음이 초조하여 두리번거리는데 맞은편에서 검은 승용차가 지나간다. 재빨리 쫓아가 보니 모범택시였다. 우선 올라탔다. 기본료가 3천 원이다. 나는 삼선교로 가자고 하였다. 차는 밤거리를 달리고 있었다. 밤이 늦어서인지 길이 막히지 않고 씽씽 달린다. 아파트단지를 나와 한강로를 가고 있었다. 한강의 밤은 아름다웠다. 물 위로 아래로 불꽃은 마치 별세계를 이루었다. 나는 그 찬란함에 심취되어 동호대교를 다 건넌 것도 모르고 있었다. 어느새 차는 왕십리를 달리고 있었다.

앞을 보다가 미터기의 숫자를 보고 깜짝 놀랐다. 나는 미터기에 신경이 갔다. 금방금방 2백 원씩 가산되고 있었다. 8000, 9000, 10000원 남편이 옆에 있었으면 '이 사람 심장병 생기겠네' 하고 놀리겠다. 차가 동대문을 거쳐 혜화동 로터리를 달리고 있었다. 집에까지 가지 말고 큰길에서 내려야겠다고 마음먹었다. 운전기사에게 나폴레옹제과점 앞에서 내려달라고 하며 2만 원을 꺼냈다.

미터기의 숫자가 15000원이 나왔다. 거스름돈을

받아가지고 내렸다. 그 돈이면 싱싱한 이면수 일곱 마리를 사고도 1천 원이 남을 것이란 계산을 해본다. 멀어져 가는 차를 멍하니 바라보다가 인적이 드문 밤길을 터벅터벅 힘없이 걷고 있었다.

2002년

천사의 질투

한 달에 한두 번 외손자를 보러 간다.

오늘도 아이들이 좋아하는 과일과 과자를 사 들고 딸의 집에 간다. 현관의 벨을 누르며 "요한아!" 하고 큰 아이의 이름을 불렀다. 내 목소리를 알아듣고 두 아이가 뛰어오며 "할머니!" 한다. 작은 손자를 안고 안으로 들어갔다. 그때부터 큰 손자의 질투가 시작된다. 요한이가 자기들 방으로 가더니 장난감 통을 들고 낑낑거리며 온다. "할머니, 할머니" 하며 날 부른다. 장난감을 하나하나 꺼내어 방바닥에 나열해 놓는다. 이것은 친할아버지가 사준 로봇, 이것은 외삼촌이 사준 권총, 이것은 외할머니가 사준 비행기…. 하면서 나의 시선을 끌려고 자랑한다. 옆에 있던 동생 사무엘도 방으로 뛰어 들어가 그림책 한 권을 가지고 와서 날 잡아끈다. 책장을 넘기며 하나하나 동물 이름을 대라는 것이다. 큰 손자는 세 돌 베기고, 작은 손자는 첫돌이 지난 지 몇 달이 안 된다. 사무엘은 말을 잘못 하지만 눈치는 빤하다. 나는 사자, 호랑이, 여우 하며 작은 손자의 손가락을 따라 이름을 대고 있다. 장난감을 가지고 놀던 요한이가 슬그머니 우리 곁으로 다가왔다. 한참 책을 보고 있더니 내가 '병아리' 하면 '독수리' 하고 '참새' 하면 '타조' 하며 엉뚱한 말을 한다. 나는 요한이가 새 이름을 잘 모르는 줄 알고 "아니다 이것은 병아리고 이것은 참새란다" 하며 일러주니. "아니야, 아니오, 독수리야" 소리를 빽 지른다. 옆에 앉았던 동생이 형의 뒤로 가더니 느닷없이 형의 머리를 쥐고 잡아당긴다. 요한이가 제 동생을 떠밀고 미워, 미워하면서 울먹인다.

  요한이는 슬그머니 텔레비전 앞으로 가서 비디오를 틀고는 보고 있다. 나와 함께 그림책을 보던 사무엘도 책장을 다 넘기더니 형 옆으로 간다. 비디오 테이프가 들어 있는 상자를 열고 제가 좋아하는 테이프를 나에게 주며 텔레비전을 꺼버린다. 비디오를 보고 있던 형이 동생을 발로 냅다 찬다. 나는 사무엘을 얼른 업었다.

  20여 년 전 일이다. 친정 조카가 아우를 보았다. 동생이 생기더니 어느 날부터 오줌을 찔끔찔끔 싸는 증세가 생겼다. 의사의 말이 아기가 스트레스를 받는 일이 있느냐고 물으며 혹시 아우를 보지 않았느냐고 한다. 아우를 보았다고 하였더니 큰아이에게 관심을 가지고 사랑 표현을 하라는 것이다. 집에 돌아와 의사의 지시대로 하니 오줌 싸는 증세가 없어졌다.

  사무엘을 업고 서성거리는 사이에 등에서 잠이 들었다. 자리를 보아 뉘어놓고 요한이 곁으로 갔다. 큰 아이도 졸린지 하품을 한다. 보던 비디오 프로가 끝나니 텔레비전을 끄고 동생 곁으로 가서 눕는다. 큰 아이도 금세 잠이 들었다. 나는 자는 아이들을 반듯이 뉘었다. 두 아이의 손을 꼭 쥐어본다. 야들야들하고 보드랍다. 큰 손자의 손은 얄쌍하고 갸름하며 작은손자의 손은 짤닥하고 통통하다. 흡사 땅속에서 갓 올라온 고사리 같다.

  사방은 고요하고 아이들 숨소리만 색색 들린다. 자는 아이들을 가만히 들여다본다. 저 천사처럼 고운 모습 속에도 질투가 잠재해 있다니…

2002년

폐가

고향에 갔더니 엊그제 남동생이 다녀갔다고 한다. 작은어머니가 저녁밥을 해 놓고 기다려도 오지 않아 서울로 올라간 줄만 알았는데, 새벽에 빈집에서 나가는 것을 이웃에 사는 영수엄마가 보았다고 한다.

빈집은 할아버지 때부터 살던 집이다. 부모님이 돌아가신 후 비워 놓았다. 대문을 열고 들어서니 안마당은 호랑이 새끼 쳐갈 듯 잡초가 무성하다. 인기척을 듣고 고양이 두 마리가 후다닥 도망을 간다. 먼지가 뽀얀 대청엔 어른 발자국이 있다. 안방

문을 열어 보았다. 남동생이 자고 간 자리인 듯 아랫목이 깨끗하게 치워져 있다. 캄캄한 빈방에서 이부자리도 없이 무슨 생각을 하며 자고 갔을까?

　동생은 부모님이 살아 계실 때 고향에 자주 들렀다. 어릴 적 친구들과 물고기를 잡아 손수 매운탕을 끓여 놓고 술 마시는 것을 좋아했다. 동생이 시골에 가는 날이면 두 분만 사시던 시골집은 온통 잔치 분위기였다. 어머니는 그 아들을 꽤 사랑하셨다. 부모님이 돌아가신 후 집을 정리하고 떠나는 날 동생은 고향 친구들과 술을 마시다 엉엉 울었다. 나는 남자가 그렇게 소리내어 우는 것을 처음 보았다.

　할머니는 일찍 돌아가시고 할아버지, 아버지, 어머니 그리고 우리 여러 남매가 오순도순 살던 생각이 난다. 부모님이 살아 계실 땐 우리들이 자주 모였는데 그분들이 가시고 나니 고아가 된 것 같다.

건넌방 문을 열어 보았다. 내가 쓰던 앉은뱅이 책상이 눈에 뜨인다. 전기도 들어오지 않던 시절 흐릿한 등잔불 아래서 소설책을 읽으며 밤을 새울 때가 있었다. 밤이 깊으면 어머니는 슬그머니 방문을 열어 본다. 내가 자지 않고 있을 땐 먹을 것을 챙겨 가지고 오시고 잠이 들어 있으면 불을 끄고 이불을 덮어 주곤 했다.

뒤꼍으로 갔다. 그곳엔 맑은 물이 흐르는 도랑이 있었다. 앞쪽엔 넓적하고 긴 돌이 물을 따라 죽 놓여 있고 도랑 건너편엔 높이 50 센티미터 되는 축대가 있다. 축대 위 돌담 안쪽엔 과일나무들이 여러 개 있었는데, 지금은 모두 없어지고 고목이 된 감나무만 살아서 밤톨만 한 감이 열렸다. 도랑 가에는 마을 아낙네들의 빨래터가 되기도 하고 무더운 여름철엔 목욕터가 되기도 하였다.

안방 문을 열고 대청으로 나서면 바라보이는 산

이 있다. 그 산은 안성 군에서 제일 높은 산이다. 봄이면 진달래꽃이 만발하여 온 산을 붉게 물들이고 여름철 비가 온 뒤 그 맑고 청청함이라니 가을의 단풍, 겨울의 설경, 철 따라 변해 가는 산의 경관은 정말로 아름다웠다. 산을 보며 자라서인지 지금도 나는 출렁이는 바다보다는 우뚝 선 산을 더 좋아한다. 해거름 뒷마루에 서서 먼 하늘을 보면 나무 사이로 비치는 석양은 정말로 환상적이다. 나는 살아가면서 시골에 고향 집이 있는 것을 감사했다.

울 안을 한 바퀴 돌아 마당으로 왔다. 잡초 사이에 보라색 작은 꽃이 앙증스럽다. 한 송이 꺾어 본다. 어두움이 밀려오는 것도 모르고 허물어져 가는 폐가를 강연히 바라보며 차마 떠나지 못하고 서 있다.

2002년

진 씨

영하 10도의 날씨가 계속되더니 드디어 일이 터지고 말았다.

아침 일찍 뒤채에 사는 문우 엄마가 전화를 했다. 밖에 있는 수도가 얼어 터졌다는 것이다. 나는 수도 밸브를 잠그고 뒤채로 갔다. 사방으로 뿜은 물은 얼어 빙판을 만들고, 터진 자리는 고무줄로 친친 감겨 있었다. 속이 상했다. 어떻게 관리를 하였기에 저 지경으로 만들어 놓았을까. 이 추위에 어디에다 연락해야 할지 난감하였다.

여러 해 전에 죽은 진씨가 생각난다. 그가 살아

있었으면 연락하는 즉시 와서 고쳐줄 터인데.

 진씨는 미장일을 하는 사람이다. 키가 훌쩍 크고 깡마른 체격에 술을 꽤 좋아하였다. 이마와 뒤통수가 톡 튀어나와 강한 인상을 주지만 마음이 여리고 인정이 많은 사람이었다. 그가 우리와 인연을 맺게 된 것은 몇 해 전 우리 집 지붕 일을 하였을 때부터다. 그 후 집에 이상이 생기면 진씨를 불러대었다.

 한번은 화장실에서 늘 물 흐르는 소리가 났다. 진씨에게 연락하였더니 고쳐주고 품삯을 받지 않았다. 술이라도 대접하려고 안으로 불렀다. 술상을 마주하고 남편과 진씨가 앉았다. 말수가 적던 그가 술이 들어가니 이야기가 끝이 없다.

 "선생님 우리처럼 날품팔이 인생은 돈 모으기가 참으로 힘듭니다. 그래서 여직 껏 집도 장만하지 못했습니다. 자식들 교육도 제대로 못 시키구요,

며칠 일을 하여 품삯을 손에 쥐면 술 한 잔 생각이 나지요. 집에 가지고 가면 쓸 데가 한 두 가지입니까?"

술을 좋아하는 두 사람이 앉아 시간 가는 줄 모른다.

"남의 일을 하다 보면 별의별 사람이 다 있습니다. 돈을 제대로 받고도 일을 대충 해주고 싶은 사람이 있는가 하면 돈을 받지 않고도 빈틈없이 해주고 싶은 사람도 있습니다. 사람의 마음이란 참으로 미묘한 것이지요."

그것이 인연이 되어 남편은 어쩌다 퇴근길에 진씨가 술을 마시고 있는 것을 보면 술값을 치러 주기도 하고, 그는 우리 집 일을 자기 일처럼 돌보아 주었다. 10여 년을 넘게 가까이 지내던 그가 오랫동안 소식이 없더니 위암으로 병원에 입원을 하였다는 것이다.

우리 내외는 병원으로 찾아갔다. 눈은 움푹 들어가고 뼈와 가죽만 앙상하다. 우리를 보고 침대에 누웠다가 벌떡 일어나면서 남편의 손을 잡는다. 손을 놓지 않고 한참을 있더니 "이젠 아마 끝나나 봅니다. 인생이란 한번은 가는 것이지요" 침통한 소리를 한다. 그 후 두 달을 더 살고 영영 돌아오지 못하는 길을 떠났다.

 사람이란 이기적인 동물인가 보다. 필요할 때는 생각이 나고, 필요치 않을 때는 까마득히 잊고 사는 것을 보면.

 동파되어 고무줄로 친친 매어 놓은 수도를 멍하니 바라보노라니 진씨 생각이 더욱 더 간절하다.

2003년

에덴동산

고모네 집은 야산을 뒤로하고 앞이 탁 트인 외딴곳에 있다. 나보다 세 살 위인 그는 자랄 때 친구나 형제처럼 늘 함께 다녔다. 어머니가 돌아가신 후 고모네 집이 친정처럼 생각이 든다. 고모네 집 뒷산에 약수가 있다. 바위틈에서 솟아나는 물은 수질이 좋아 고모네는 물론 먼 곳에서도 물을 뜨러 오곤 한다. 공기도 좋고 경관이 아름다워 가끔 그곳에 간다.

오래전 60대쯤 된 사람이 약수터가 있는 산을 샀다. 포크레인 소리가 요란하게 산을 울리더니 골짜기는 메우고 언덕은 헐어 땅을 평평하게 만들어 놓았다. 오른쪽에는 농원을 꾸미고 왼쪽은 약수터 가는 길을 닦았다. 길 양쪽으로 목단, 철쭉, 개나리 등 키가 크지 않은 꽃나무를 심고, 농원에는 배나무, 복숭아나무, 포도나무를 심었다. 길을 따라 걸어가면 잔디밭이 있다. 가운데 연못을 파고 큼직큼직한 돌이 가장자리에 놓여 있다. 약수가 흘러 연못으로 들어가고 맑은 물은 연못을 가득 채웠다. 연못 가까이 물가에 버드나무 세 그루가 있고 잔디밭은 소나무 생울타리를 하였다. 잔디밭 높은 쪽에 아담하게 집을 짓고 주인이 산다.

세월이 흐르면서 봄이면 길가에 꽃들이 만발하고, 가을이 되면 농원의 과일이 주렁주렁하다. 연못의 고기들도 자라서 손바닥만 한 것들이 펄떡펄떡 뛰는가 하면, 송사리보다 작은 새끼들이 몰려다닌다. 새벽닭이 울고 동이 트기 시작하면 갖가지

새들이 와서 조잘대는 이 아름다운 동산을 사람들은 '에덴동산'이란 이름을 붙여주었다. 도연명의 글 「도화원기」에 나오는 무릉도원이 바로 이런 곳이 아니었나 한다.

나는 고모네 집에 가면 에덴동산에 들른다. 여러 번 다니는 동안 주인과도 잘 알게 되었다. 어쩌다 고모와 산나물이나 버섯을 따러 가다가 농원 주인과 만나면 차 한 잔 마시고 가라고 한다.

며칠 전 고모한테서 전화가 왔다. 가을걷이가 끝났으니 와서 청국장과 잡곡을 가져가라고 했다. 전화를 받고 고모네 집에 갔다. 도착하는 즉시 에덴동산으로 향하였다. 농원의 나무들은 잎이 거의 떨어졌다. 길가의 꽃나무들도 앙상하다.

가을 해는 짧아 어느덧 동산에는 산그늘이 드리우고 있었다. 눈을 돌려 잔디밭을 보았다. 순간 연못가 바위 위에 쭈그리고 앉아서 연못을 바라보고 있는 노인이 눈에 들어왔다. 흡사 바위 같았다. 나뭇잎 하나가 떨어지며 그분의 등을 스치고 지나갔다. 어두움이 드는 것도 모르고 있는 주인을 나는 멍하니 바라보고만 있었다.

2003년

뻐꾸기

 창문을 활짝 열어 본다. 파아란 하늘이 눈에 들어온다. 어제 하루 종일 비가 내리더니 어쩌면 저렇게 고운 빛깔을 만들어 놓았을까? 창가에 기대서서 더 먼 곳을 바라본다. 창으로 들어오는 바람이 시원하다. 바람을 타고 뻐꾸기 우는 소리가 은은하게 들려온다. 뻐꾹 뻐꾹 뻐꾹, 뻐꾹 뻐꾹 뻐꾹…. 저 새는 어디를 헤매다가 길을 잘못 들어 도심 속으로 날아들었을까?

 뻐꾸기는 봄부터 여름 녹음 속에서 운다고 한다. 제 알을 스스로 키우지 못하고 개개비나 다른 새

둥지에 알을 낳으면 그것들은 제 알인 줄 알고 품어서 키운다고 한다.

　우리 아이들이 태어나기 전 일이다. 그 당시엔 통행금지 제도가 있어 새벽 4시가 지나야 차나 사람들이 왕래할 수 있었다. 아침잠이 없는 나는 그날도 일찍 잠에서 깨었다. 밖에서 어수선한 사람들의 소리가 나길래 문을 열고 나섰다. 우리 집에서 두 집 지나 대문 앞에 사람들이 모여 두런대고 있었다. 무슨 일인가 하여 가까이 가 보았다. 그 집 아주머니가 강보에 싸인 것을 안고 있었다. "글쎄 잠결에 갓난애 울음소리가 나길래 나와 보았더니 이 어린 것을' 하면서 안고 있던 것을 들썩한다. 40대 초반의 그 집 부부에게는 아이가 없었다. 사정을 잘 아는 사람이 아이를 문 앞에 놓고 간 모양이다.

　15년 전 우리 동네 젊은 부부가 딸 둘과 세 들어 살고 있었다. 부부 싸움이 잦더니 어느 날 아이 엄마가 집을 나갔다. 당시 큰 아이는 8살이고 동생은 6살이었다. 아이들 아빠는 늘 오후에 나갔다가 밤늦게야 집에 돌아오곤 했다. 아이들 아침과 점심은 아빠가 챙겨 주지만 저녁은 가게에서 빵과 우유를 사 먹지 않으면 굶을 때도 있었다. 나는 어쩌다 아이들을 불러 밥을 먹일 때가 있었다. 언니보다 동생은 정말 예뻤다. 하얀 얼굴에 새까만 눈이 초롱초롱하였다. 코는 오똑하고 입은 조그마하면서 입술이 도톰했다. 해가 지고 어둑어둑하여지면 자매는 대문 앞에 나란히 앉아서 밤이 이슥하도록 아빠를 기다리곤 한다.

맞은편 구멍가게 아주머니 말에 의하면 아이들 아빠가 혼자 도저히 아이들을 키울 수 없어 어디로 보냈으면 하더란다. 나는 작은 아이를 키우고 싶었다. 며칠을 두고 생각하던 차에 자매는 그만 다른 집으로 보내지고 말았다. 아이들이 떠난 다음에도 나는 가끔 그들이 생각났다. 지금쯤 동생은 20살, 언니는 22살이 되었을 것이다. 양부모를 잘 만났다면 둘 다 대학에 다닐 것이다.

뻐꾹 뻐꾹 뻐꾹, 뻐꾹 뻐꾹 뻐꾹… 뻐꾸기는 새끼 찾아 울며 헤매는가? 저 울음소리가 내게는 '내 새끼 어디서 잘 자라고 있니?" 하는 것만 같아 가슴이 뭉클해진다.

2003년

모란이 피면

 뜰에 감나무 잎이 녹색으로 번져가고 모란이 환하게 웃고 있다. 탐스럽게 피어있는 꽃잎을 가만히 만져본다. 애기 살결처럼 보드랍다. 겨우내 마른 나무처럼 앙상하던 가지에서 어쩌면 이토록 탐스럽고 예쁜 꽃을 피웠을까?

 모란이 필 무렵이면 고향 들녘에는 보리가 누렇게 익어가고 모내기가 시작된다. 어머니는 열두 살이었던 나에게 동생과 함께 밭에 가서 감자를 캐오라고 하셨다.

 나는 바구니를 들고 동생은 어깨에 호미를 메고

집을 나섰다. 오월의 들판은 싱그러웠다. 우리는 오솔길을 따라 논과 밭을 지나 솔밭을 걷고 있다. 솔 냄새가 향긋하다. 허허로운 벌판 가운데 솔숲은 운치가 있다. 동생은 호미를 던지고 뛰어가더니 홀딱 재주를 넘고 온다. 숲을 지나 조금 걷다 보면 개울이 있다. 징검다리를 건너면 감자밭이다. 감자 심은 옆에는 보리가 누렇게 익어가고 보리밭 둑에 미루나무 세 그루가 하늘을 찌를 듯 높이 서 있다.

동생과 나는 밭둑에 나란히 앉았다. 파아란 하늘에 흰 구름 두 점이 정겹게 가고 있다. 잠시 숨을 돌리고 일어나 감자밭으로 갔다. 감자포기 언저리를 둘러 판 다음 호미의 뾰족한 끝을 땅 속 깊숙이 꽂는다. 감자 포기를 한 손으로 잡고 호미 쥔 손과 함께 힘껏 당기면, 뿌리에 크고 작은 감자들이 주렁주렁 딸려 나온다. 땅에 떨어진 것은 주워 담고, 뿌리에 달린 것은 따서 바구니에 담는다. 어쩌다

주먹만 한 것이 나오면 '와'하고 환성을 지른다. 감자 캐기란 정말 재미있다. 둘은 노래를 부르기 시작한다.

"자주 꽃 핀 건 자주감자, 파 보나 마나 자주감자, 하얀 꽃 핀 건 하얀 감자, 파 보나 마나 하얀 감자"

신이 나서 힘든 줄도 모르고 감자를 캤다. 어느덧 감자가 바구니에 그들먹하다.

한참 감자를 캐고 있는데 몇 발자국 앞 감자밭 속에서 무엇인가 푸드덕하며 공중으로 날아간다. 깜짝 놀라 쳐다보니 까투리다. 까투리는 날아 밭둑에 있는 미루나무에 가서 앉는다. 우리는 꿩이 있던 곳으로 가 보았다. 신기한 일이 벌어져 있었다. 땅을 옴폭하게 파 놓은 곳에 탁구공보다 약간 큰 타원형의 연록회색 알이 여러 개 있었다. 가만히 만져본다. 따뜻하다. 꿩알을 조심스레 하나하나 집어서 바구니에 담았다. 도두 21개나 된다. 동생과 나는 미루나무 쪽을 힐끔힐끔 쳐다보면서 마을을 향하여 뛰었다. 꿩이 날아와 쫄 것만 같았다. 집에 와서 어머니에게 알을 보이며 신나서 이야길 하였다. 별로 반가운 기색이 아니었다. "꿩이 불쌍하구나. 어쩌다 너희들 눈에 띄어 새끼를 몽땅 잃었으니" 하셨다.

　모란이 피기 시작하는 5월이 되면, 감자 캐다 말고 꿩알을 주워가지고 뛰던 어린 시절이 그립고, 인정 많으셨던 어머니가 보고 싶다. 지금쯤 고향 들녘에는 보리가 누렇게 익어가고 모내기가 시작되었을 것이다.

수수도가니떡

2004년

수수도가니떡

나는 지금 고향 들녘에 서 있다.

황금은 가을바람에 물결치고 하늘은 더없이 푸르다. 꼬불꼬불 하던 시골길은 간데 없고 농지 정리가 잘 된 논은 바둑판처럼 반듯하다. 벌판 여기저기 포장이 된 길이 곧게 뚫려 차나 경운기가 다닐 수 있어 편리하다. 길을 따라 걸어갔다. 논 가운데 허수아비가 양팔을 벌리고 서 있다. 노랑머리에 검정바지, 체크무늬의 점퍼가 멋있다. 허수아비도 세월 따라 패션이 변해가나 보다. 참새 떼가 조잘대며 허수아비 머리 위로 지나간다. '히히히히 누가 속을 줄 알고?' 하는 것만 같다. 길가 콩밭 군데군데 키다리 수숫대가 고개를 숙이고 건들거리며 서 있다. 이삭이 실하게 보이는 수숫대 하나를 휘어잡고 들여다보았다. 알알이 통통하게 잘 여물었다.

  문득 돌아가신 어머니 생각이 났다.

  할머니가 49세의 젊은 나이로 세상을 뜨시고 며느리인 어머니가 안주인이 되었다. 어머니가 시집을 오니 돌배기였던 막내 시누이가 9살에 어머니를 여읜 것이다. 어린 나이에 어머니를 잃은 시누이가 딱하여 나의 어머니는 해마다 고모의 생일이면 액운을 막아 준다는 수수떡을 만들어 주었다. 고모의 생일이 음력 8월 10일이니 그때쯤 되면 수수알이 통통하게 여물어 간다. 풋수수 잘 여문 이삭을 골라 수수목을 잘라다가 바심을 한다. 멍석 위에 널빤지를 놓고, 그 위에 수수 이삭을 얹고 막대기로 두드리면 수수알이 오소소 쏟아져 나온다. 실

한 것을 키로 까불러 알곡을 낸다. 햇볕에 말려 축축하게 물을 분 다음 오래 대낀다. 잘 대껴진 수수를 맑은 물이 나도록 헹궈 뜨뜻한 물에 한나절 담가 놓는다. 수수의 떫은 맛을 빼내기 위해서다. 조리로 건져 소쿠리에 담아 물기를 완전히 말리고, 맷돌로 갈아 고운 체로 쳐서 가루를 낸다. 가루를 반죽하여 직경이 7, 8센티 정도의 크기로 동글납작하게 떡을 만든다. 떡의 양면에 해콩을 촘촘히 박아 뜨겁게 달궈진 솥 바닥에 떡을 깔아 놓는다. 콩이 노릇노릇하게 익으면 주걱으로 뒤집고, 솥뚜껑을 덮은 다음 불을 더 지펴 뜸을 들이면 떡이 다 된다. 이 떡을 내 고향에서는 '수수 도가니 떡'이라고 한다. 어머니는 고모가 시집갈 때까지 생일마다 잊지 않고 수수떡을 해 주었다. 수수떡 덕인지 병약하여 명이 짧겠다던 고모는 70이 되었는데도 아주 건강하다.

어머니는 75세를 사시고 세상을 뜨셨다. 고모는 올케의 생일을 거르지 않고 찾아다녔다. 돌아가실 때 병간호도 고모와 내가 함께 하고 임종까지 하였으니 그 올케와 시누이의 인연이 참으로 아름다운 게 아닌가 한다. 지금도 고모는 올케의 제삿날을 잊지 않고 챙긴다.

돌아오는 고모의 생일에는 수수 도가니떡을 해 먹자고 전화해야겠다. 고모는 둘론 기뻐할 것이다. 오랜만에 고모와 함께 어머니의 산소에도 찾아가야겠다.

바람 부는 벌판에서 수숫대를 휘어잡고 멍하니 서 있다. 수숫대는 무거운 이삭에 못 이겨 고개를 숙인 채 바람에 흔들거리며 서 있다.

2004년

돼지 저금통

 길가에 플라스틱 제품들을 죽 늘어놓고 팔고 있다. 흡사 시골 난장 같다. 나는 한 바퀴 둘러보다가 돼지저금통 하나를 골랐다. 벌름한 코, 웃음 짓는 작은 눈, 꼭 다문 입이 귀엽게 생겼다. 집에 가지고 와서 5백 원짜리 동전 두 닢을 저금통에 넣었다. 들어갈 때마다 작은 눈을 위로 치켰다가 내리는 듯하여 혼자 웃었다.

 2년만 있으면 큰 외손자가 초등학교에 입학하게 된다. 그때 선물을 사주려고 지금부터 저금을 하는 것이다. 남편도 동전이 생기면 저금통에 넣는다. 몇 달을 넣다 보니 저금통이 제법 무거워졌다. 엊그제 딸아이가 외손자를 데리고 우리 집에 왔다. 요한이가 저금통을 보고 뛰어가더니 들고 온다.

"할머니, 여기다가 저금하는 거예요?"

"그래 네가 초등학교에 입학할 때 선물을 사주려고 지금부터 저금하는 거란다."

요한이는 제가 가지고 있던 동전을 저금통에 넣으며 제 엄마에게도 돈을 넣으란다.

그 후 두 달 만에 우리 집에 왔다. 요한이는 재빨리 방으로 가더니 저금통을 가지고 나온다. 낑낑거리며 와서는 "할머니 되게 무거워졌는데요." 하며 좋아한다.

우리 아이들이 자랄 때 방학이 되면 외갓집에 보냈다. 복잡한 도시를 떠나 확 트인 시골의 자연 속에서 마음껏 뛰놀다 오라는 마음에서다. 외가에 가면 제일 반가워하는 사람은 외할아버지다. 친정아버지는 아이들을 데리고 산으로 들로 다니면서 고기잡이도 하고, 가재도 잡고, 참외밭에 가서는 아이들에게 직접 참외를 따 먹으라고 하셨다. 5일 만에 서는 시골장에 데리고 다니며 장 구경도 시켜주고 아이들에게 필요한 학용품도 사주셨다. 겨울방학엔 스케이트를 가지고 가지만 외할아버지가 손수 만들어 주신 썰매 타기를 더 좋아했다. 외할아버지와 외손주 남매가 만든 태극 연을 가지고 넓은 벌판을 뛰다가 오면 할머니는 아이들에게 줄 음식을 장만해다가 놓는다. 지금도 딸아이는 할머니가 끓여주시던 매운탕과 참외밭에서 직접 따먹던 싱싱한 참외가 생각난단다. 시골에서 한 열흘 마음껏 뛰다가 돌아오는 날엔 가방이 불룩하고 얼굴은 검게 그을려 시골 아이가 되어있었다.

아이들이 대학에 합격하였다는 소식을 들은 아버지 어머니는 집에서 기르던 토종 암탉을 잡아 가지고 오셨다. 그동안 공부하느라 애썼다며 아이들에게 해 덕이라는 것이다. 그리고 봉투에다 용돈도 두둑하게 넣어 주셨다.

이 나이가 된 나도 가끔 외가에 대한 추억이 생생하다.

오늘도 나는 외출에서 돌아오는 길에 2천 원을 5백 원짜리 동전으로 바꾸었다. 돼지저금통에 넣으면서 요한이의 입학날을 기다린다. 그리고 외손자들에게 외가에 대한 추억을 많이 만들어 주고 싶다.

2004년

고양이

 마당 청소를 하는데 고양이 소리가 들린다. 야옹 야옹 울음소리가 처량하다.

 방향 감각이 둔한 나는 빨리 찾지 못하고 두리번거렸다. 그때 담과 감나무 사이에 있는 돌무덤에서 흰 바탕에 검정 무늬가 언뜻 눈에 띄었다. 저 높은 담을 어떻게 넘어왔을까? 가까이 가 보았다. 어린 고양이가 고개를 삐죽이 내민다. 가만히 들여다보았다. 고양이도 나를 빤히 쳐다본다. 털이 까칠하니 가녀린 몸을 발발 떨고 있다. 얼른 안고 가서 라면상자에 보드라운 천을 깔고 자리를 마련해 주었다. 우유를 따뜻하게 데워서 접시에 부어주니 할짝할짝 잘도 핥아먹는다. 다 먹고 나서는 안심이 되는지 발랑 누워버린다. 춥고 배고프고 불안했던 모양이었다.

나는 본래 동물을 별로 좋아하지 않는다. 더구나 고양이의 그 표독하고 암상스런 인상을 싫어한다.

우리 아이들이 국민학교 다닐 때 일이다. 남편이 친구 집에서 강아지 한 마리를 가져왔다. 온몸이 검정색인데 양쪽 눈 위에 흰색 줄이 눈썹처럼 있고, 아주 영리하게 생긴 발바리 종류였다. 예쁘고 귀여워 날마다 목욕을 시켜주고 냄새가 나지 않도록 향수도 뿌려주었다. 이름을 '케리'라고 지어주고 식구들의 사랑을 독차지하며 자랐다. 제 이름을 부르면 알아듣고 뛰어와 안긴다. 봄에 온 것이 여름으로 접어들면서 강아지가 개로 변해갔다. 비위가 약한 나는 오물처리가 곤란했다. 할 수 없어 밖으로 내보냈다. 예쁜 집을 사다가 담장 옆에 놓고 목사리에 긴 줄을 매어 놓았다. 처음에는 불편한지 적응을 못하고 낑낑거리더니 차츰 잘 지냈다.

남편은 술이 거나하게 취하고 늦는 날이면 영락없이 개의 먹이를 손에 들고 왔다. 케리는 대문 밖에서 남편의 발자국 소리만 나면 어찌 그리 잘 아는지 제 집에서 뛰어나와 팔딱팔딱 뛴다. 아이들도 학교에서 돌아오면 책가방을 든 채로 개를 한번 얼러주고 안아보고 들어온다.

우기가 다가왔다. 긴긴 장마에 오물 냄새와 비릿한 개 냄새가 나를 참을 수 없게 했다. 밥도 못 먹고 현관문 열기가 싫었다. 할 수 없이 남의 집에 보내기로 마음먹었다. 우리 집을 떠나는 날 가지 않으려고 몸부림을 치는 것을 보고 가슴이 찡하며 눈물이 났다. 남편과 아이들에게서도 좋지 않은 소리를 들었다. 나는 다시는 우리 집에 동물을 들여놓지 않으리라 마음먹었다.

  고양이가 차츰 생기가 돌자, 참치와 멸치를 주고 고깃국에 밥도 말아주었다. 까칠하던 털이 반질반질 윤이 나기 시작했다. 나를 졸졸 따라다니며 아양을 떨기도 한다. 차츰 정이 들기 시작하였다. 이웃 아주머니 말에 의하면 고양이는 잘 해주면 내보내도 항상 집 주위를 돌며 떠나지 않으려고 한단다. 속으로 은근히 걱정되었다. 한 달만 잘 키워서 스스로 먹을 것을 해결 할 수 있게 되면 내보내기로 마음먹고 있는데.

  6일째 되는 날이었다. 아침 일찍 고양이가 있던 자리에 가 보았다. 고양이가 보이지 않는다. 어젯밤 자정이 넘어 밖에서 고양이 울음소리가 요란하더니 제 어미가 데려간 모양이었다.

  그동안 어미 고양이는 얼마나 대타게 새끼를 찾아 헤매었을까? 어미 곁으로 갔으니 마음이 놓였다. 그런데 막상 상자를 치우려니 무엇을 잃어버린 것처럼 허전하고 서운하였다.

2005년

어느 여름날의 오후

 남편은 신문에 열중하고 나는 밖을 내다보고 있다. 파란 하늘에 흰 구름이 떠간다. 일기예보에 의하면 장마가 끝났다고 한다. 우리 집 뜰에 있는 감나무에 매미가 와서 자지러지게 울어댄다. 쓰르라미도 합창을 한다. 매미가 가고 쓰르라미가 울면 가을을 재촉한다던데, 이 무더위에도 가을은 오고 있는가 보다. 나는 매미가 울고 있는 감나무를 망연히 바라본다.

 터가 좁은 뜰에 덩치 큰 목련 나무가 다 차지하고 담장 밖까지 뻗어 나갔다. 3년 전 목련 나무를 베어버리고 그 자리에 단감나무 한 그루를 심어서 지난해에 4개를 따먹었다. 올해는 꽃이 많이 피고 열매도 꽤 열려 기대가 컸었는데, 다 떨어지고 몇 개 남지 않았다.

나는 언제부터인가 아침에 일어나면 감나무 주위를 돌며 감이 달린 자리를 확인하곤 한다. 요사이 그것이 나의 일과 중 하나가 되었다.

밖에서 무엇이 '후다닥 탁'하며 떨어지는 소리가 난다. 신문을 보고 있던 남편이 "감이 떨어지나 봐" 한다. 나는 깜짝 놀라 현관문을 열고 뛰쳐나갔다. 나무에서 매미와 쓰르라미가 포르르 날아간다. 나무 밑에 감 하나가 떨어져 있다. 가슴이 짠하여 얼른 집어 본다. "이렇게 큰 것이 …" 중얼거리며 감이 달렸던 자리를 쳐다본다. 꼭지만 달랑 붙어 있다. 감을 만지작거리며 거실로 와서 껍질을 벗겨본다. 속살이 약간 불그레하다. 칼로 조금 잘라 씹어 본다. 달짝지근하다.

 '감'하면 할아버지가 생각난다. 할아버지는 이재에 밝으셨다. 내가 자라던 친정집 울안에 할아버지가 심은 감나무 두 그루가 있었다. 한 나무엔 둥근 감이 달리고, 또 다른 나무에는 내 주먹만 한 대봉시가 열렸다. 농사만 지어가지고 손자들 대학에 보내기 힘들다면서 해마다 익기 전에 나무 2, 30그루를 산다. 그해 작황량을 감안하여 한 해만 사는 것이다. 감이 익어갈 무렵이 되면 막을 짓고 할아버지는 늘 그곳에서 지내셨다. 할아버지가 외출하실 때는 다른 식구들이 번갈아 가며 막을 지켰다. 나도 가끔 그곳에 가곤 했다. 감이 덜 익고 푸른데 어쩌다 붉은 것이 보인다. 따 보면 영락없이 꼭지에 벌레 먹은 자리가 있다. 그런 감은 따지 않으면 땅에 떨어져 버린다. 억지로 익은 것인데도 달고 맛이 있다. 한 번은 감을 많이 먹고 밤에 자다가 입에 침이

고여 잠을 잘 수가 없었다. 병에 걸린 줄 알았는데, 감을 많이 먹으면 그런 증세가 생긴다고 한다.

　서리가 내리고 감이 익으면 따서 서울로 올렸다. 할아버지는 목돈을 장만하여 당신이 기거하는 사랑채 아랫방에 있는 금고에 간수하셨다. 할아버지가 돌아가신 후에도 그 돈은 손자들 학자금으로 많은 도움이 되었다. 지금 맏손자가 할아버지 제사를 모시고 있다. 그들도 할아버지 생각을 할까?

　쓰름쓰름 쓰르르르 … 쓰르라미가 감나무에 와서 또 울고 있다. 한낮도 훌쩍 지나 그림자가 길어졌다. 남편이 슬그머니 일어나더니 차 두 잔을 가지고 온다. 찻잔을 건네주는 남편의 손에 주름이 굵다. 나는 잔을 받아 들고 남편의 얼굴을 물끄러미 바라본다.

2005년

미끼

  대전에 살 때 남편과 낚시를 다닌 적이 있다. 대전 근교에는 샛강이 많아 낚시하기에 적합한 곳이 여러 군데 있다. 주로 충청남도에 있는 부강, 신탄진이나 충청북도에 있는 내탑으로 갔었다. 북도는 남도보다 산이 많고 물도 맑아 북도 쪽으로 여러 번 갔었다. 견지낚시는 물속에 들어가야 되기 때문에 발을 벗을 수 있는 여름철이어야 한다.

  미끼는 주로 구더기를 사용한다. 그 흔한 것도 구하려면 비싸서 집에서 기른다. 구더기는 잘 기어나와 속이 깊은 양동이를 사용한다. 양동이에 고운 겨를 깔고, 생선 배알이나 머리를 놔두면 파리가 냄새를 맡고 와서 쉬를 슨다. 다 자란 것을 다른 겨에 2, 3일간 두면 물렁물렁하던 몸이 단단하게 여문다. 밑밥은 깻묵이나 고운 겨에 구더기를 섞어 사용한다.

  강가 모래사장이나 자갈밭을 헤매며 여울목을 찾아다닌다. 여울목은 물살이 빨리 흐르다가 턱이 움푹 패였기 때문에 고기가 모여든다. 턱이 진 곳에서 7, 8미터 정도 떨어진 곳에 자리를 잡고 밑밥을 뿌린다. 낚시에 미끼를 끼으고 얼레에 감긴 낚싯줄을 서서히 풀면서 낚싯대 쥔 팔을 오른쪽으로 챈다. 낚시가 여울목까지 도착하면 줄을 더 풀지 않고 팔 움직임만 반복한다. 고기가 많을 경우엔 줄을 플기가 바쁘게 고기가 물린다. 고기가 낚시에 물렸는지 안 물렸는지는 감으로 알 수 있다. 어쩌다 대어가 잡히면 고기와 신경전이 벌어진다. 고기의 힘은 대단하다. 잘못하다가는 고기는 물론 낚시까지 잃게 된다. 상대방이 물고 늘어질 때는 줄을 풀며 달래야 한다. 잡아당기면 풀어주고 느슨해지면 줄을 감으며 강가로 유인한다. 사람이 보이면 위험을 느꼈는지 왔다갔다 몸부림을 친다. 시기를 잘 참작하여 고기를 뭍으로 재빨리 챈다. 밖에 나와서 숨을 헐떡이며 몇 번 뛰다가 그치고 만다.

그 후 서울로 이사를 오면서 낚시도구를 가지고 왔다. 10여 년이 지나도록 한 번도 고기를 잡으러 가지 못한 낚싯대를 버리고 말았다.

몇 년 전 우리 동네에 경상도 사투리를 쓰는 여인이 살았다. 언변 좋고 수단이 좋아 사람을 잘 사귄다. 보리밥을 했으니 먹으러 오라는 둥, 시골에서 도토리 가루를 가지고 와서 묵을 쑤었다는 둥 사람들을 불러들인다. 여러 사람들이 들락거리다 보니 말도 많고 온 동네 소식은 그 집으로부터 흘러나온다. 나도 초청을 받아 두어 번 간 적이 있다. 그 후 몇 년이 흘렀다. 온 동네가 술렁대었다. 아무개가 돈을 많이 해먹고 도망을 갔다는 것이다.

이기주의가 팽배하는 세상이고 보니 뇌물이 범람한다. 깨끗해야 할 공직자, 국회의원, 대통령까지도 쇠고랑을 차니 한심한 노릇이다. 밑밥인지 미끼인지도 모르고 먹다가 목숨을 잃는 물고기와 무엇이 다르랴.

2005년

할아버지

앞집 살구나무에 꽃이 만발했다. 참새들이 이 가지에서 저 가지로 넘나들며 봄을 즐기고 있다. 6월이 되면 살구가 익을 것이다.

살구가 익어가는 계절이 오면 할아버지가 생각난다. 할아버지는 친구가 많았다. 그중에서 우리 동네 맨 위쪽에 사는 친구와는 유별하였다. 그 댁 바깥마당에 커다란 살구나무 한 그루가 있었다. 어쩌다 그 집 앞을 지날 때면 살구나무집 할아버지가 툇마루에 앉아 계시다가 날 손짓해 부른다. "할아버지 집에 계시냐? 무얼 하시나, 우리집에 놀러 오시라고 해라" 하며 머리를 쓰다듬어 준다. 나는 우리 나르가 아닌데도 살구가 익으면 먹을 것을 생각한다. 해마다 살구를 따면 그 집 머슴이 노랗게 익은 살구 한 바구니를 가지고 온다. 와서는 "즈인 거른이 구장님 댁에 갖다 드리라고 해서요" 하며 바구니 채 놓고 간다.

  이웃 동네 가래끼실에 사는 분도 생각난다. 그곳은 우리 동네에서 벌판을 지나 야산 밑에 있다. 할아버지 친구 집은 바깥마당이 넓어 마당 넓은 집으로 통한다. 한국전쟁이 있었고 9·28 수복 후 나라는 혼란하고 사회는 어수선할 때, 당시 아버지는 사상 관계로 피신을 해야 할 상황이었다. 할아버지는 가래끼실 친구를 찾아가 아버지를 부탁하였다. 사상범을 숨겨 주었다가 발각되는 날엔 어떤 고초를 당할지도 잘 알면서 그분은 흔쾌히 승낙하였다. 아버지는 그 댁 다락에 숨어 있다가 사회가 안정된

다음 무사히 돌아오셨다.

　막내 고모의 시할아버지도 우리 할아버지 친구이다. 어느 추운 겨울날 어머니의 심부름으로 고모 댁에 간 일이 있다. 노 할아버지는 추운데도 바깥마당에서 왕겨를 수북하게 쌓아 놓고 불을 지피고 있었다. "할아버지 안녕하셨어요? 무얼 하시는 거예요?" 하였더니 "어서 와"하며 빙그레 웃으신다. "정월달에 너의 할아버지가 동네에 놀러 오신다고 해서 화투 밑천을 장만해 드리려고 숯을 만드는 거야" 하시며 타는 왕겨 속에 연신 생참나무토막을 넣으셨다.

　할아버지 친구들은 해마다 설을 지내고 10여 일을 모여 노신다. 이 동네 저 동네로 돌아다니며 시조를 읊고, 화투를 치며 친목을 도모한다.

　진실로 믿을 수 있는 친구가 한 사람이라도 있으면 인생의 반은 성공한 것이라는데 우리 할아버지는 좋은 친구가 많았다. 인자하면서도 옳지 못한 일을 보면 불같은 성정을 가지신 분, 가난하고 불쌍한 사람에겐 아낌없이 베푸신 분, 한국동란 때 굶주리는 피란민들에게 쌀을 나누어 주시던 할아버지, 나는 어려서부터 할아버지를 따르고 존경하였다.

  살구꽃이 만발한 속에서 즈잘대는 참새를 망연히 바라보고 있으려니 할아버지가 무척 보고 싶다.

2006년

기다림

 자정이 가까운데 전화벨이 울렸다. 수화기를 들었다. 외사촌 동생이었다.

 "누님 저예요. 방금 큰어머니께서 운명하셨어요."

 순간 나는 무엇으로 머리를 한 대 얻어맞은 기분이었다. 기어이 외삼촌을 만나보지 못하고 세상을 뜨시고 말았구나. 밤새 잠이 오지 않았다.

 나의 외가는 우리 마을에서 60리나 떨어진 곳에 있었다. 내가 자랄 때는 걸어서 20리, 차를 타고 40리를 가야 했다. 외할머니가 일찍 돌아가셨기 때문에 외숙모가 할머니를 대신했다. 내가 혼자 오 가에 다닐 수 있는 중학생 때부터는 방학이 되면 으레 외가에 가는 줄 알았다.

외삼촌 내외분은 남들이 부러워할 단큼 금슬이 좋았다. 17살에 시집 온 외숙모는 시집살이를 하면서도 그 당시 서울에서 학교에 다니고 있는 남편의 방학을 기다리며 힘든 줄도 몰랐다고 했다. 외삼촌은 방학이 되어 집에 올 때는 보지도 못했던 귀한 물건들을 사다 주기도 했다. 나이 어린 부부는 친구처럼 오누이처럼 다정했다. 겨울밤 온 식구가 잠들면 둘이서 손전등을 들고 밖으로 나간다. 사다리를 지붕 밑으로 옮겨 놓고 새집을 찾아다니며 새를 잡는다. 그것을 화롯불에 구워 먹으면서 밤이 깊어 가는 줄도 몰랐다고 했다.

졸업 후 외삼촌은 고향 집에서 살았다. 남매를 낳고 재미있게 살 무렵 6·25전쟁이 발발하였다.

사회주의 사상에 가담했던 외삼촌은 9·28 수복 후 소식도 없이 잠적해 버렸다. 외숙모는 전쟁 통에 갓난아기였던 딸도 잃고 아들 하나 키우면서 시아버지를 모시고 살았다. 시아버지가 돌아가신 후 아들이 외지에서 고등학교에 다닐 때부터는 그 큰 집을 혼자 지키며 살았다. 집을 팔고 아들을 따라가도 되련만 남편과의 추억이 담긴 집이고 아무 때고 이 집을 찾아 돌아올 남편을 맞이해야 한다고 하였다. 아들이 결혼하여 자식을 낳고 어머니를 모셔 가려고 하여도 그토록 고집하더니 환갑이 지나면서 아들을 따라갔다. 그 후에 가끔 팔고 간 집 근처에 나타나서 한 바퀴 돌아보고 갔다고들 하였다.

결혼하여 가정을 갖고 아이들을 키우다 보니 자주 다니던 외가도 가지 못하고 외숙모 뵌 지도 오래되었다. 가끔 고향에 오고 가다가 안성읍에 사는 작은 외삼촌 댁에서 소식을 듣곤 하였다. 돌아가시기 2, 3년 전부터는 치매 증세가 왔다고 했다. 작은 외숙모가 가서 손을 잡으니 "누구셔" 하더란다. 오매불망 기다리던 남편을 끝내 만나보지 못하고 치매가 왔을 때는 무슨 생각을 하며 지내셨을까?

밤잠을 설치고 안성행 고속버스에 몸을 실었다. 마을에 들어서니 상갓집 마당에는 차일이 쳐있고 사람들이 왁자지껄했다. 가슴이 찡해오며 눈물이 핑 돌았다. 외숙모 영전에 꽃 한 송이 드리고 마주하였다.

'외숙모! 반세기를 넘겨 기다리던 외삼촌을 저세상에서는 꼭 만나실 거예요' 눈물이 비 오듯 하였다.

2006년

비둘기 부부

얼마 전부터 산비둘기 두 마리가 우리 집에 날아오기에 가끔 모이를 주곤 했다. 옥수수와 보리차 끓인 찌꺼기를 거름이 되라고 늘 감나무 밑에 버렸더니 아마 먹이를 찾아 날아들었나 보다. 처음에는 문 여는 소리만 나도, 사람 발자국 소리가 들려도 후딱 날아가 버렸다. 몇 달이 지나면서 우리 식구를 알아보는지 요사이는 가까이 가도 여유만만하다. 나는 외출 할 때도 밖에서 돌아올 때도 비둘기가 있나 하여 조심한다.

늘 오던 비둘기가 이른 봄부터 보이질 않았다. 남

편과 나는 무슨 일이 생겼나 하고 걱정하였다. 기다리던 비둘기가 어느 여름날 식구 둘을 더 데리고 나타났다. 새로 온 비둘기는 작고 앳되어 보였다.

'어머나, 요것들이 새끼를 만드느라고 그동안 나를 애태웠구나.'

나는 이들이 놀고 있는 모습을 보며 손뼉을 쳐주고 싶었다.

지난달에 어버이날이라고 딸네 식구가 다녀갔다. 큰아이는 제 아빠를 닮고, 작은아이는 어쩌면 제 엄마를 그렇게 쏙 빼어 닮았는지 먹는 것까지도 제 엄마의 자랄 때 모습이다. 작은 아이에게 관심을 가지는 듯하면 큰 아이의 질투가 대단하다. 작은 아이의 사진을 사진틀에 넣어 책상 위에 놓았더니 큰 아이가 그것을 보고 "이게 누구야, 내 것은 왜 없어." 하면서 사진을 휙 밀어버린다.

어려서는 세상에서 외할머니가 제일 좋다고 하

더니 지금은 아닌가 보다. 누구를 좋아하든 그것이 무슨 상관이랴, 그저 예쁘고 사랑스러운 것을, 갓난아이 적부터 키우다시피 한 외손자들의 커 가는 모습을 보며 나는 행복을 느낀다. 이것이 늙어가며 사람 사는 재미구나 싶다.

산비둘기 부부가 오랜만에 새끼 두 마리를 데리고 우리 집에 또 나타난 것이 얼마나 반가운지 모른다. 네 식구가 몰려다니며 집 주위에서 모이를 찾고 있다. 나는 안으로 들어가 콩과 보리쌀 한 움큼을 가져다 비둘기에게 던져 주었다. 새들은 우르르 몰려와서 모이를 쪼고 있다.

나는 새끼 두 마리를 데리고 구구거리며 모이를 쪼고 있는 다정한 비둘기 부부 모습을 한없이 바라보고 서 있었다.

2006년

고모

  서울에서 동창모임이 있다며 오랜만에 막내고모가 우리 집에 들렀다. 형제처럼 한 집에서 자란 고모를 만나면 할 말이 너무 많다. 어릴 때 자라던 이야기며, 마을에서 같이 놀던 친구들 이야기, 친척과 고향 소식 등…

  9살에 어머니를 여읜 고모는 나의 어머니인 큰올케 밑에서 자랐다. 그 당시 30살도 안 된 나의 어머니는 시어머니가 돌아가신 뒤 시아버님, 시동생 어린 시누이까지 뒷바라지를 해야 했고, 당신의 자식들이 줄줄이 태어났으니 삶은 힘들고 고달팠을 것이다.

　고모와 나는 일찌감치 저녁밥을 해 먹고 작은방으로 갔다. 둘은 베개를 나란히 하고 누웠다. 옆에 있는 고모의 주름지고 억세어진 손을 만지작거리다 머리를 봤다. 염색을 하여 검은데 새로 나오는 부분은 하얗다.

　내가 ○○학교에 다닐 때의 일이 생각난다. 5일에 한 번씩 장이 서는 날이면 길가에 난전을 벌인다. 땅바닥에 널빤지를 놓고 액세서리를 판다. 나는 용돈을 아꼈다가 고모의 예쁜 머리핀을 사다 주기도 하였다. 고모가 머리를 땋고 다니는 것을 처음 다마를 해 준 것도 나다. 겨울방학 때였다. 그날따라 하늘이 흐릿하더니 눈발이 날리기 시작하였다. 20리나 되는 읍내에 걸어가서 파마를 하고 돌아오니 저녁 먹을 시간이 되었다. 저녁밥을 먹는데 고모는 머리에 수건을 쓰고 맨 윗목에서 고개를 푹 숙이고 앉았다가 할아버지가 계신 아래쪽을 흘끔거리며 쳐다보았다. 그 때다. 수저를 드시던 할아버지가 고모가 있는 곳을 바라보며 헛기침을 하시는 게 아닌가.

 순간 고모는 문을 열고 뛰쳐나가고 어머니와 작은어머니는 웃음이 나오는 것을 참는 눈치였다. 할아버지 옆에서 밥을 먹던 나는 가슴이 두근거리는 것을 참고 입을 열었다.

 "할아버지 오늘 고모가 읍내에 가서 파마를 하고 왔어요. 날마다 머리 땋기도 귀찮고 간단하지 않아요."

 야단을 치실 줄 알았는데 할아버지는 "파마는 무슨" 하고 더는 말씀이 없으셨다. 식사를 마치고 사랑채로 나가시던 할아버지는 고모가 있는 건넌방 문을 살며시 열고 들어가셨다. 이불을 푹 쓰고 누워 있는 고모의 머리를 들여다보고 "과히 밉지 않구나." 하고 나가시더란다.

 할아버지가 가신 지도 벌써 30여 년도 넘었다. 부모님, 삼촌 두 분 그리고 큰 고모까지 돌아가시고 이제 막내 고모밖에 없다. 고모는 늘 어머니 같고 친구 같다. 70이 넘은 고모는 지금도 늘 내 생각을 한다. 해마다 가을 추수가 끝나면 잡곡, 고춧가루, 메주까지 쑤어 당신 딸들 돗과 똑같이 나누어 택배로 부쳐준다. 오늘도 청국장 띄운 것을 가지고 왔다. 나는 윤기 없고 까칠해진 고모의 머리카락을 만지작거린다. 옛날 처음 파마를 하였을 때 할아버지의 눈치를 살피던 일을 생각하니 웃음이 난다.

"이제 앞으로 몇 번이나 이렇게 누워서 이야기를 할 수 있을는지."

 고모의 말이었다. 올해는 과수원의 배 수확이 끝나면 두 조카들에게도 배를 부쳐주어야겠다며 남동생들의 주소를 적어 달란다.

자정이 넘어도 잘 줄도 모르고 도란도란 이야기가 끝이 없다.

2012 뿌리 문학 - 봄

추모의 글 - 공석하 시인 영전에

　큰 올케에게서 전화가 왔다. 동생이 119 응급차에 실리어 잠실에 있는 아산병원 중환자실에 입원했다고 한다. 믿기지 않았다. 주섬주섬 옷을 챙겨 입고 집을 나섰다. 자꾸만 눈물이 난다. 며칠 전 동생이 운영하는 출판사 <뿌리>에 들렀다. 점심식사를 하면서 이런저런 이야기 끝에 이제 건강을 생각해서 담배를 그만 끊으라고 했더니만, 듣기 싫은 표정을 지으며 "이제껏 담배를 피워도 이렇게 건강하게 잘 지내고 있는데 무슨 걱정이냐." 고 하더니 …

내가 병원에 도착하였을 때는 작은 남동생과 올케 그리고 조카 셋이 중환자 보호자 대기실에서 안절부절 왔다 갔다 하고 있었다. 수술실에 들어갔는데 일곱 시간이나 걸린다고 했다.

우리들은 대기실 의자에 앉아 수술이 끝나기만 초조히 기다리고 있었다. 밤 10시가 돼서야 수술이 끝났다고 했다. 중환자 수술실 안에 잠깐 면회가 있어 들어가 보니 눈도 뜨지 못한 채 꼼짝도 못하고 누워 있는 모습을 보고 한고비를 넘겼으니 안심이 되어 중환자실에서 나왔다.

그 뒤 집으로 병원으로 오고 가면서 초조하고 불안하여 마음을 잡을 수가 없었다. 아무래도 회복될 희망이 희박하여 억장이 무너졌다. 부모님이 돌아가셨을 때에도, 남편이 세상을 떴을 때도 이렇게 슬프지는 않았었다.

동생과 나의 인연은 70년이다. 내가 맏이로 태

어났고 남동생을 보았다고 하여 우리들은 온 집안 식구들의 사랑을 받으며 어린 시절을 보냈다. 할아버지 할머니 부모님 삼촌 고모……

추운 겨울 밖에서 놀다가 언 손을 호호 불며 밤에 들어오면 화롯불에 손을 녹여 주시던 할아버지, 초등학교 입학하기 전부터 할아버지는 동생에게 한문을 가르치시는 등 손자에 대한 교육열이 대단하셨다. 그 당시 중 고등학교 다닐 때 수업료 고지서가 나오면 받는 즉시 차도 없는 20리 길을 걸어서 직업 안성여고에 안법중학교에 수업료를 내시고 담임 선생님을 찾아뵙고 하시던 할아버지, 중학교 다닐 때부터 시를 쓰던 동생이 고등학교 3학년 때 전국학생백일장에 당선되어 부상으로 받은 손목시계를 차고 다니시며 자랑하시던 할아버지, 동생은 대학을 졸업하고 서정리에 있는 효명고등학교 국어 교사로 부임하였다.

하루는 대전에 사는 나에게 찾아와 교직을 그만두고 공부를 더 하고 싶다고 했다. 서울에 독서실을 차려주었으면 하였다. 종로 관철동에 독서실을 꾸며주었다. 독서실을 경영하며 대학원도 다니고 그렇게 열심히 살았다. 우리 식구도 동생의 권유로 대전에서 서울로 올라오게 되었고 세월이 흐름에 그는 중견작가로서 출판사 '뿌리'를 운영하고 강의에 나가서 많은 후배들을 양성하였다.

출판사엔 늘 문인들의 발길이 그치지 않았고 나도 친구의 권유로 덕성여대 평생교육원에 수필 강의를 들으러 다녔다. 운현수필 동인에 가입하였고 뿌리동인에도 인연이 깊다. 그 동생의 그늘에서 밑의 여러 동생들도 공부를 하게 되었다. 살기에 바빠 우리 남매들은 자주 만날 수가 없었지만 조부모님이나 부모님의 기일(忌日)에는 만나 지나간 삶의 이야기나 고향 이야길 하면서 화투도 친다.

그 사람은 우리를 만나면 늘 허허 웃으며 그렇게 좋아했다.

끝내 중환자실에서 일주일을 입원하고 있다가 그만 세상을 떠나고 말았다. 집에서 동생의 운명 소식을 듣고 병원으로 갔다. 영안실에 들어섰다. 영전에 국화꽃 속에 사진이 있었다. 꽃 한 송이를 영전에 바치고 나니 눈물이 비 오듯 쏟아진다. 털썩 주저앉아 통곡이 나왔다. 이젠 다시는 보지 못할 동생이 되고 말았다. 3일장을 치루고 화장을 하였다.

며칠 전만해도 그렇게 당당하던 사람이 건강하다고 자부하던 사람이 한 줌의 재로 남아 다시는 볼 수 없게 되다니, 사랑하는 아내 두 아들 동생들 그 많은 인연의 문우들…… 어릴 적 뛰놀던 고향산하, 지금도 출판사에 가면 담배를 피워 물고 있을 것 같다.

한 배에서 태어나 사랑하며 싸우며 자라던 피붙이기에 이토록 가슴이 메어오는가? 모든 것 다 털어버렸으니 이제는 저 세상 하늘나라에서 편히 쉬어라. 누나가……

옮긴이의 말

 이 책은 저의 외할머니이신 공석춘 선생님께서 살아오신 시간 속에서 틈틈이 떠올리신 기억과 장면들을 담은 수필집입니다. 특별한 교훈이나 큰 의미를 담으려 하기보다는 오래전의 소소한 순간들을 담담하게 되짚어보는 이야기들이에요. 그래서 이 책을 읽을 때 마치 다정한 누군가의 옛이야기를 곁에서 조용히 듣고 있는 듯한 따뜻한 시간이 될 것이라고 기대합니다. 할머니의 또래이신 어르신들께서도 편하고 재밌게 읽으셨으면 좋겠습니다.

 『아름답고 소담하게 가꾼 꽃보다, 잡초 속에 하늘거리는 들꽃을 좋아한다』라는 제목처럼, 이 책 속 글들은 정원에서 정성스레 가꾼 꽃이 아니라 길가에 자연스럽게 피어난 들꽃을 닮았습니다. 반짝이는 사건보다도 그 시절의 공기와 냄새, 말투와 감정이 살아 있어서 독자로 하여금 어느새 그 시간 속으로 함께 들어가게 합니다.

책 서문에는 미소를 짓게 만드는 에피소드도 하나 있습니다.

할머니가 라면을 드시고 있으면 어린 시절의 제가 나타나 "할머니, 라면 드시는 거 엄마한테 이를 거예요!" 하고 말했대요. 라면은 할머니께 안 좋다고 해놓고 사실은 제가 먹고 싶어서 그랬던 거죠. 그렇게 라면을 뺏어 먹는 손자가 옆에 있어서 외롭지 않다고 하신 할머니 말씀에, 부끄럽고도 따뜻한 웃음이 피어납니다. 그 기억 속에 담긴 정과 유쾌함이 이 책 전체의 분위기와 참 닮았습니다.

할머니께서는 이 책이 누군가의 삶을 조명하거나 대단한 가르침을 전하려는 책은 아니라고 하셨습니다. 그냥 할머니의 아주 개인적인 기억과 감정을 함께 들여다보는 책입니다. 그러니 꼭 처음부터 끝까지 다 읽지 않아도 됩니다. 그냥 아무 페이지나 펼쳐, 그날 할머니가 꺼내놓은 추억 하나를 함께 바라봐주시면 됩니다. 읽다가 나도 모르게 웃음이 나거나 내 기억 속 어딘가가 조용히 움직이면 그걸로 충분합니다.

『아름답고 소담하게 가꾼 꽃보다, 잡초 속에 하늘거리는 들꽃을 좋아한다』는 그런 책입니다. 고요하고, 수수하고, 그래서 오래 남는 책. 지금 이 순간에도 마음 한 켠에서 작게 흔들리는, 들꽃 한 송이 같은 할머니의 이야기들이 오래도록 누군가의 기억 속에 머물기를 바랍니다.

둘째 외손자 사무엘

사랑하는 외할머니께

이 책을 바칩니다.